三石五 编著

30天读30人

战国

月读《史记》

篇

上海交通大学出版社
SHANGHAI JIAO TONG UNIVERSITY PRESS

内容提要

本书从《史记》中选取战国时期具有代表性的人物,从人物故事、文化常识、原文选读等几个方面选编内容,让读者对这些人物有一个全方位的认识。本书是"月读《史记》"系列的第二册书,带领读者每天"读一文,识一人",用一个月时间了解全书内容。本书阅读层次明晰,形式新颖,故事性强,易于入门,为读者阅读古文经典搭设了兴趣的桥梁。

图书在版编目(CIP)数据

月读《史记》.战国篇/三石五编著.—上海:
上海交通大学出版社,2022.9
ISBN 978-7-313-25851-9

Ⅰ.①月… Ⅱ.①三… Ⅲ.①中国历史-古代史-纪传体②《史记》-通俗读物 Ⅳ.①K204.2-49

中国版本图书馆CIP数据核字(2022)第145018号

月读《史记》——战国篇
YUEDU SHIJI——ZHANGUOPIAN

编　　著:三石五				
出版发行	上海交通大学出版社		地　　址	上海市番禺路951号
邮政编码	200030		电　　话	021-64071208
印　　制	上海盛通时代印刷有限公司		经　　销	全国新华书店
开　　本	880mm×1230mm　1/32		印　　张	7.875
字　　数	162千字			
版　　次	2022年9月第1版		印　　次	2022年9月第1次印刷
书　　号	ISBN 978-7-313-25851-9			
定　　价	42.00元			

前言

　　编写"月读《史记》"系列，是一次尝试。这套书的内容，源于一门拓展阅读课，这门课程以《史记》中的人物为主要线索，附带讲解文化常识和古文知识。这些内容简要而浅显，不及《史记》原典的九牛一毛，然而，"浅显"容易入门并引发兴趣，"简要"会让人觉得"不够"，于是想要去读《史记》的原典以及更多相关的书籍。"兴趣"是最简单也是最珍贵的，编写本书的动因也即在此。本书的主要内容诞生在课堂中，是经过教师讲解、学生反馈、编辑选取后逐渐形成的。因此，从某种意义上来说，这是一本由老师、学生、编辑齐心协力完成的书。

　　本书内容的第一条线索，是人物。众所周知，《史记》是纪传体史书，由"本纪""表""书""世家""列传"五个部分组成。"本纪""世家"和"列传"中有众多精彩的人物传记，但并非每一个人都有单独的篇目，很多帝王和诸侯的故事都合并在"本纪"或"世家"中。另外，有单独传记的人物，也可能还出现在《史记》的其他篇目中，比如伍子胥的故事在《吴太伯世家》《楚世家》《伍子胥列传》等篇中都有记述。本书选取了人物后，将他在《史记》中的全部内容罗列出来，然后加以综合概述，无论人物的地位高低，都像"列传"一样一个个地展示。

本书内容的第二条线索，是时间。"月读《史记》"系列按时间顺序分"春秋""战国""秦汉"三本书，各选30位（组）代表人物。同时，每本书又分若干篇章，这些篇章按时间顺序列出一个个时代，依次展示这一时代历史进程中的代表人物。本书围绕这些人物，介绍他们的故事，了解他们当时的礼仪、环境、器物等，并感受他们的精神，当然，还要一起阅读一些原文经典段落，感受文言文独有的韵律节奏，欣赏太史公的卓越文笔。

本书是"月读《史记》"系列的第二册，选取了30位（组）《史记》中记载的"战国"人物。如果读者每天抽空读完一个人物的故事，那么只要用一个月的时间，就能读完这本书了，这也是为什么起名"月读"的原因。但"月读"并不是抄捷径的"速读"，"月读"的本意是抛砖引"欲"，循阶而上。希望读者从这本书中找到自己喜欢的人物、故事或知识，更希望它能在你心中种下一颗兴趣的种子，让你在今后的某一天，去翻开那本万世不朽的经典，去领略司马迁"究天人之际，通古今之变，成一家之言"的神奇魅力。

体例说明

本书包含了一些体例和栏目，在此逐一解释说明，方便读者参考阅读。

🎯 人物目录、年代示意图

本书共有六个篇章，前五篇以战国时期发生的代表性战役命名，这些战役按照时间顺序排列，每一篇章中涵盖这场战役发生前后的相关诸侯国的代表性人物，最后一篇则是关于战国思想文化的"诸子百家篇"。这些篇章就像一个个驿站，串联起了一条可见的时间线，读者可配合人物目录和《战国主要事件年代示意图》对本书中罗列的战国时期的时间顺序有一个总体的了解。

🎯 位置示意图

在讲述某些人物故事时，会涉及一些空间信息，我们为此设置了位置示意图。这个图的背景是大家熟悉的"七巧板"图案，七块拼板恰好标示出战国时期七个主要的国家（即"战国七雄")的位置,虽然图案并不能当作各国的国境,但读者能大致了解他们的相对位置,可以在阅读时提供一些帮助。

 篇名书法

每一篇章的篇头名称都是一幅书法作品,由书法推广人徐永松老师书写,字形都取自秦汉时期的石碑等作品。这些字体与《史记》的诞生年代相隔不远,或许能增加一些太史公时代的氛围,丰富一些阅读体验。

 人物关系图

在每一篇章的开头,列出了本篇章涉及的主要人物的关系图。借助人物关系图,读者可以快速了解故事脉络、人物关系。

 文化常识

每一篇人物故事之后,都设置了"文化常识"作为正文的附加栏目。每一篇常识根据人物故事中出现的某一个称呼、器物或行为,加以解释说明。通过了解其中包含的文化或科学知识,读者可以更好地理解人物和故事。

 原文选读

每一篇人物故事之后还附有"原文选读"栏目,所挑选的小段古文,出自该篇人物对应的《史记》原文篇章,读者可通过简易"注解",尝试着阅读这些古文,感受太史公的文字魅力。

各篇人物目录

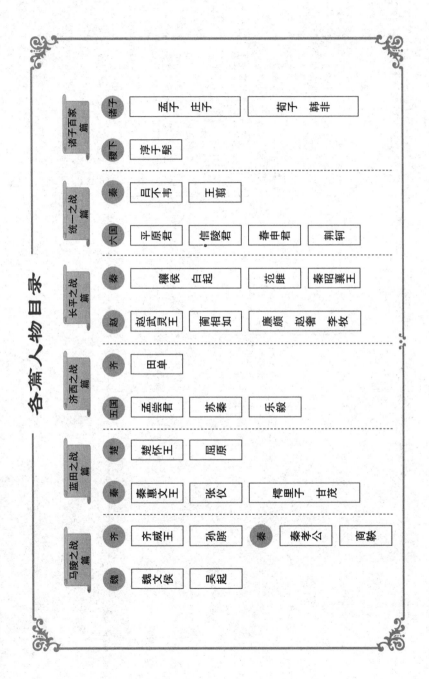

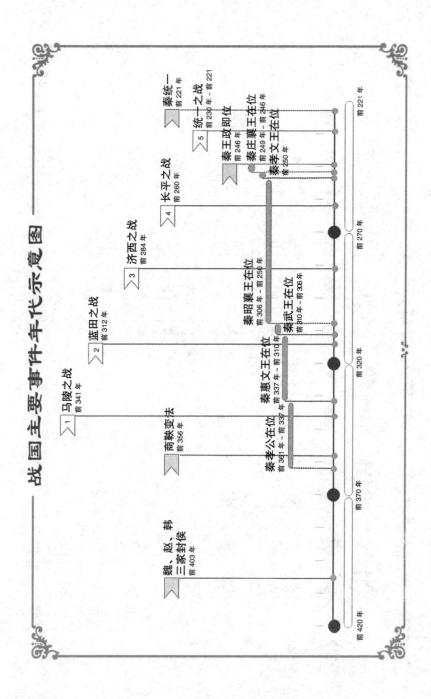

战国主要事件年代示意图

魏、赵、韩
三家封侯
前 403 年

商鞅变法
前 356 年

秦孝公在位
前 361 年 ~ 前 337 年

1 马陵之战
前 341 年

秦惠文王在位
前 337 年 ~ 前 310 年

2 蓝田之战
前 312 年

秦武王在位
前 310 年 ~ 前 306 年

秦昭襄王在位
前 306 年 ~ 前 250 年

3 济西之战
前 284 年

4 长平之战
前 260 年

秦孝文王在位
前 250 年

秦庄襄王在位
前 249 年 ~ 前 246 年

秦王政即位
前 246 年

5 统一之战
前 230 年 ~ 前 221

秦统一
前 221 年

前 420 年　　前 370 年　　前 320 年　　前 270 年　　前 221 年

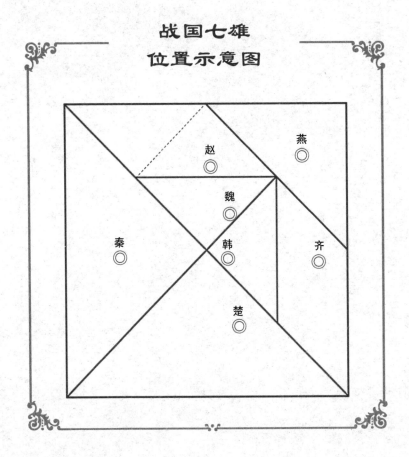

战国七雄
位置示意图

目 录

"马陵之战"字形：小篆，笔意取自秦代《泰山刻石》。

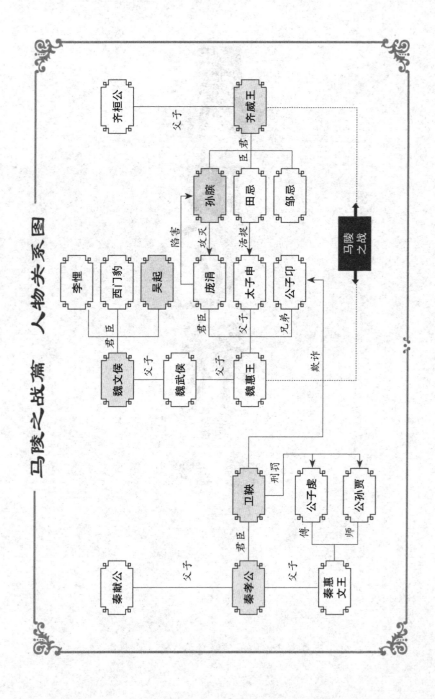

马陵之战篇 人物关系图

1. 魏文侯

"三家分晋"被视为春秋、战国两个时代的分水岭,是具有划时代意义的标志性事件。晋国,是春秋时期最强大的诸侯国,它的消亡并非因为他国入侵,而是被本国的卿大夫逐渐夺权、分裂,最终由魏、韩、赵这三个最强大的卿族完全瓜分。魏国是战国初期通过变法最先富强起来的国家,战国变法图强的大幕就由魏国拉开。

魏氏封侯

魏与周室同为姬姓,其先祖是周文王的儿子——毕公高。武王伐纣建立了周朝,他将自己的兄弟高分封在毕这个地方,从此毕公高及其后裔以"毕"为氏。毕氏后裔毕万侍奉晋献公南征北战,立下了汗马功劳,因而受封魏地。此后,毕万家族以封地"魏"为氏。毕万的儿子魏武子侍奉晋献公的儿子重耳,他跟着重耳流亡了整整十九年,始终忠心耿耿,后来重耳成为国君(即晋文公)后,魏武子也成了晋国的大夫,从此世代都是晋国的卿族之一。

春秋末期,魏桓子与韩康子、赵襄子共同消灭了智氏,基本确立了三家分晋的格局。魏桓子去世后，他的孙子魏斯继承爵位，这就是魏文侯。

魏斯在位后期（公元前403年），与韩虔、赵籍一起被周天子封为诸侯，这是一个标志性的历史事件，宋代司马光主编的史书《资治通鉴》以此年开篇，也有人认为战国时期从这一年开始。三家被封为诸侯后，事实上已经完成了对晋国的瓜分，晋君只是名义上的君主，仅拥有绛和曲沃两个城邑，不久晋君就被完全废除（公元前376年），江山易主，在原先晋国的土地上，只留下韩、赵、魏三个国家，史称"三晋"。

三晋虽为三个国家，但此时在对外行动上基本保持一致，这主要归功于魏文侯居中协调，他多次化解三家之间的矛盾，数次联合三家军队，团结一致对付其他诸侯。因此魏文侯在位时，"三晋"和当年的晋国一样，仍是诸侯中最为强大的势力。魏国之所以能在三晋中拥有盟主地位，是建立在强大的实力基础上的，而这一切都离不开魏文侯的文治武功。

宰相是谁

魏文侯在位时期，魏国人才济济，这些贤臣良将辅佐魏文侯在政治、军事各方面都取得了辉煌的功绩，那么具体是哪些能人做了哪些事呢？从《史记·魏世家》中的一段对话即可一窥究竟。

魏文侯有一天问大臣李悝（亦作李克）："先生，您觉得公子成（即魏成子）和翟璜这两个人谁更适合做宰相？"李悝委婉地拒绝发表意见，但在文侯的一再坚持下，他只能回答道："君侯您想要知道答案，只要注意观察一个人做的五件事情：他平日里亲近哪些人，富有时结交哪些人，显贵时举荐哪些人，不得志时做哪些事，贫困时不要哪些东西。"文侯听了，恍然大悟。

李悝回去时正巧经过翟璜家，翟璜见了忍不住问他："听说今天君侯询问您宰相的人选，能透露下最终是谁为相吗？"李悝回答："魏成子。"翟璜一听，气得脸色都变了："岂有此理，您倒是说说，我哪点比魏成子差？驻守西河的吴起、治理邺地的西门豹、攻灭中山国的乐羊，就连先生您本人，哪一个不是我举荐的？我到底哪里及不上魏成子啊？"李悝把告诉魏文侯的五件事情原原本本地说了一遍，然后对翟璜说："君侯以这五件事情作为标准，那么他必然会用魏成子为相。您怎么可能比得上魏成子呢？魏成子食禄虽然达到上千钟粮食，但他拿出其中的十分之九用在外边，家里只留了十分之一，所以他能从东方请来卜子夏、田子方、段干木。这三人，君侯都将他们尊为老师，而您举荐的这些人，君侯都只是将他们用作臣子呀！"翟璜想了想，再三向李悝拜谢道："我翟璜真是浅薄的人啊，说话不得当，以后我愿终身做先生的弟子。"

通过以上对话不难看出，当时魏文侯重用了很多人才，大致可以归纳为两类，一类为师，一类为臣。被魏文侯尊为老师的有孔子的弟子——名闻天下的大儒子夏（即卜商，字子夏），另外还有段干木（子夏的学生）、田子方（孔子另一位弟子子贡的学生）等儒者，这些儒者在魏国的西河地区讲授儒家经典，形成了一个被后世称为"西河学派"的儒家学派，培养出了一大批极具影响力的人才，也使魏国成为当时的文化中心。魏文侯所用的大臣，如对话中提到的吴起、西门豹、乐羊、李悝等，无一例外都是平民出生，翟璜则来自戎狄。所以除了魏成子是文侯的弟弟外，大多数重臣都不是贵族，不论出身，唯才是举，这就是魏国强大的另一个原因。而在这些人才中最关键的人物，则首推李悝。

变法先驱

李悝被认为是法家的先驱，曾师从子夏的弟子，他后来为魏文侯推行变法，是战国时期各国一系列变法之始。

战国时期变法的目的可概括为"富国强兵"。李悝非常重视农业，认为农业是强国之本，因此他向魏文侯提出了"尽地力之教"，制定了许多政策鼓励农民充分利用土地，耕种农作物。同时在经济方面实行"平籴法"（即政府通过丰年买入、荒年卖出的方法控制粮食价格的措施）等政策，保护农民的耕种积极性。在"重农"这一指导方针之下，加上生产工具、水利灌溉等各方面的发展，使农业从春秋时代的井田制经济逐渐发展为以个体农民为基础的"小农经济"。

李悝又在各国刑典的基础上编写了中国历史上第一部成文法——《法经》，明确了触犯法律的罪行和对应的刑罚，有效地保护了变法的贯彻执行。《法经》也成为日后各国变法者效法的标准，后来商鞅将《法经》带去秦国，并在此基础上完成了秦国的变法。魏国在李悝变法之后迅速强大，在军事上也屡战屡胜：西线对秦国形成压制，攻占并稳固了黄河以西的领地，成为秦国的巨大威胁；北线帮助赵国攻灭了中山国，并派太子魏击、乐羊驻守，由李悝为相，对赵国又形成压制；在东线，三晋的军队攻入齐国，逼迫齐国求和。

李悝变法的根本任务，在于发动人民以耕种为己任，达到富国强兵的目的。在这一过程中，需要扫除一切横亘在民众与国君之间的贵族、乡绅等盘剥农民的势力，下面这个耳熟能详的故事就生动地描述了魏国的地方官是如何贯彻变法的。

河伯娶妻

在《史记·滑稽列传》中，县令西门豹治理邺县的故事正是发生在李悝变法时期。

西门豹到了邺县之后，到处走访调查民间的疾苦。有乡里老人告诉他说："我们这里最头疼的是河伯娶妻的事情，人们也因此而贫困。"西门豹不解，老人说："我们这里有河伯娶妻的习俗，邺县的三老、廷掾等官吏每年为此向百姓收税达上百万，但只有二三十万是用于河伯娶妻，剩下的都让他们和巫婆瓜分了。每年河伯娶妻时，巫婆会去小户人家挑漂亮的女孩子强行带走，沐浴更衣后，安置在河边斋戒的屋子里，布置漂亮的绫罗绸缎，并好饭好菜伺候着。到了'出嫁'的日子，就把女子梳妆打扮好，让她坐在床帐枕席上，一起放入河里，很快连人带席就一起沉下去了。这么一来，有女孩的人家都逃走了，所以本地人烟稀少，越发穷困。但是据说，如果不为河伯操办这件事，他就会发洪水把这里的百姓全部淹死。"西门豹听完，沉思了一下说："老人家，下次河伯娶妻时，麻烦你们通知我一下，我也去送送那位姑娘。"

河伯娶妻的日子到了，乡里的大小官吏、巫祝以及数千名百姓都汇聚到了河边，西门豹也来了。主事的是个七十多岁的巫婆，身后跟了一列穿着绸褂的女弟子。西门豹问道："要嫁给河伯的女子在哪？让我先看看她是否漂亮。"巫婆把女孩从帐中扶出，只见那女孩哭红的双眼充满了恐惧。西门豹赶紧转过头，对巫婆和三老（古时掌教化的乡官）等一众官吏说："我看她不漂亮啊。这样不行的，麻烦巫婆去禀告河伯一声，容我们耽搁两天，再去找一个漂亮的女孩。"话音刚落，西门豹两边的卫兵架起巫婆就扔进了河里。过了一会儿，西门豹又说："巫婆怎么还不回来？要不派个徒弟去催催吧。"卫兵又把巫婆的一个徒弟扔进了河。当然，她也没来回报，于是西门豹又连续"派"了两名徒弟下河。又等了段时间，西门豹看着三老说："巫婆她们都是女子，可能这事还办不了，要不麻烦你去走一趟吧。"于是三老也被卫兵扔进河里。西门豹继续恭恭敬敬地站在河边等了会儿。他慢慢转过身，对着剩下的一众官吏叹道："这事情麻烦了，巫婆、三老都没回来报告，该怎么办呢？"那些官吏早吓得面如土色，一个个跪在地上拼命磕头，额头都磕出了血，纷纷向西门豹求饶。西门豹说："好吧，那就再等等。"又过了一会儿，他转身对众人说："河伯留客也太久了。算了，大家都散了吧。"从此以后，邺县的官员百姓都不敢再提河伯娶妻的事情，当地民心也逐渐稳定了。

解决了河伯娶妻的问题，消除了大家思想上的顾虑，西门豹又立刻着手发动民众一起开凿水渠，他鼓励人们克服暂时的困难，争取长远的安乐。在他的治理下，邺县的人们一起开凿了十二条水渠，引水灌溉田地，当地逐渐作物丰收，百姓富足。一直到汉代，这十二条水渠仍发挥着作用，当地百姓也深记着西门豹当年治邺的功德。

西门豹治理邺县是魏国变法的一个缩影，从中可以看到魏国上下如何贯彻李悝的重农方针，也可以领略到像西门豹这样布衣臣子的治理才能。正是在这样的明君贤臣的配合下，魏国无论在经济、军事还是文化上，都成为战国初期最强大的国家，并一直延续到魏文侯的子孙魏武侯、魏惠王时。

 ## 文化常识

"三老"是个什么官职？

在西门豹治邺的故事中，西门豹严惩了剥削当地百姓的三老、巫祝等人。那么，三老究竟是多大的官职？西门豹作为县令又有多大的权力呢？通过三老这个官职，我们可以了解战国时代郡县制度方面的相关知识。

战国时代，县的设置很普遍，只要有城市的都邑一般都建有县，县的管辖区域既包括城市也包括周边的广大农村。一县的最高长官被称为令，比如秦国商鞅变法中的设置，县令的下属设有丞、尉，丞主管民政，尉主管军事。在县之下，另设有乡、里等组织，当地的民众按照伍、什编制（五家为伍，十家为什）。这样的组织便于国家征收赋税、招募士兵。

在本故事中，西门豹是县令，而三老属于乡一级的官员，所以西门豹可以直接管理邺县辖区内的乡官，是三老、廷掾等乡官的顶头上司。三老按理说是被民众推选出来，具有较高德行的长者，负责当地教化，配合其他乡官一起让百姓安居乐业，勤于耕种，并征收赋税上交国家。

但是，故事中邺县的三老却伙同其他官员，利用河伯娶亲的幌子，常年横征暴敛且绝大多数中饱私囊，大大加重了当地百姓的负担，造成邺县民不聊生，百姓外逃，土地荒废，这是国君不可容忍的。魏国变法的根本目的是加强农业，尽地力之教，因此西门豹治邺首先去除这些贪官和陋俗，稳住人心，接着兴修水利，带领当地百姓一起发展农业。

我们从故事中还可以看到，当邺县出现农业问题时，西门豹是接受国君任命去管理地方事务，他直接对国君负责。这反映出战国时期国君权力不断增强。之前的春秋时期，很多地方属于贵族的封邑，地方上的事务无论是赋税或征兵，都由这些卿大夫自行管理，因而国君的权力被分散减弱了。到了战国时期，郡县的普遍设置，以及国君对这些郡县的管理权力增大，保证了各项变法内容的具体实施。李悝提出的许多符合时代发展的变法内容，既需要魏文侯这样具有政治眼光的君主，也需要西门豹这样的具有管理才能的官员，正是在君臣的配合下，才共同造就了战国初期魏国的强大。

原文选读

《史记·魏世家》选段

子击①逢文侯之师田子方于朝歌，引车避，下谒②。田子方不为礼。子击因问曰:"富贵者骄人③乎?且贫贱者骄人乎?"子方曰:"亦贫贱者骄人耳。夫诸侯而骄人则失其国,大夫而骄人则失其家。贫贱者,行不合,言不用④,则去之楚、越,若脱屣⑤然,奈何⑥其同之哉!"子击不怿⑦而去。

注解

①子击:魏文侯的太子魏击。②下谒:下车拜见。③骄人:待人傲慢。④行不合,言不用:行为不合时宜,言论不为所用。⑤脱屣:脱下草鞋。⑥奈何:怎么会,怎么可以。⑦不怿:不高兴。

2. 吴 起

　　吴起来自卫国，并非贵族阶层。在魏国变法强国的过程中，除了李悝之外，吴起是魏文侯最为倚重的大臣之一，但是到了魏武侯继位之后，他逐渐被排挤出权力中心，于是转而投奔楚国推行变法。《史记·孙子吴起列传》中记述了吴起辗转各国的求仕经历，他虽有才能，但几起几落，最终因为变法而遭杀害，是战国时代一位具有代表性的士族人物。

能用兵　为卒吸脓

　　吴起曾是大儒曾子的学生，后被逐出师门，他也曾在鲁国领兵，又被罢免。后来，吴起听闻魏文侯求贤若渴，前去投奔。魏文侯向李悝打听吴起的情况，李悝告诉他："吴起这个人贪心，但是若说他用兵的能力，恐怕以前齐国名将司马穰苴都不一定比他强呀。"魏文侯后来任用吴起为将，吴起在对秦作战时取得大胜，攻下了五座城邑。

　　吴起的用兵之道，就是与士兵同甘共苦。自己的吃穿都按照士兵的最低标准，睡觉不设卧席，行军不乘马车，自己背负装备干粮，丝毫不劳烦战士，因此深得士兵爱戴。有一位士兵生病长了脓疮，吴起竟然亲自用嘴吸掉伤口的脓。那位士兵的母亲听说了这件事，一下子痛哭了起来，旁人劝她："你儿子只是一个普通士兵，将军亲自为他吸伤口，你有什么可哭的呢？"那位母亲说："你有所不知，之前将军也曾为我儿的父亲吸过伤口，他感激将军的恩情，伤愈后重回战场，丝毫不知道畏惧，战不旋踵，英勇杀敌，最终死在战场上。现在将军又为我儿子吸脓，我知道他一定和他父亲一样，为报答将军而勇猛冲锋，接下来必定战死沙场。我不知道他会死在哪里，所以才伤心落泪啊！"

吴起熟知兵法，精于用兵，因而屡战屡胜。当时秦国国势较弱，魏国连续攻取了秦国的河西地区，并在此设立了西河郡，吴起被任命为郡守。在他的率领下，魏军稳扎稳打，成为秦国的巨大威胁。吴起还率领军队进攻中山国，也获得大胜。在魏文侯的信任下，他充分发挥着自己的才能。

遭排挤　离魏奔楚

魏文侯去世后，吴起继续侍奉他的儿子魏武侯。但武侯和他父亲不一样，有一回，魏武侯乘船视察河西地区，船在黄河中顺流而下，武侯看着壮美险峻的景色，不禁感叹道："太壮丽了，这险固的河山真是我们魏国的珍宝啊！"吴起在一旁却说："魏国的珍宝，在德不在险，国家强大依靠的是君侯您的德政，并不依靠这险峻的山河。当年三苗、夏桀、商纣王，哪个没有天险，结果呢，他们全都失败了。所以说国家强大，要靠国君施行德政，如果您不施行德政，这条船里的人可能都是您的敌人。"魏武侯连声称赞:"说得好!"但是,称赞归称赞,吴起却并没有获得他的信任和重用。

过了几年,魏武侯任命田文(一作商文,并非孟尝君田文)做国相。吴起很不高兴,觉得自己各方面都要胜过田文,于是他去和田文当面论功。田文承认自己的功劳没有吴起大,但他解释说,新君继位不久,年纪尚轻,老臣们心里并不信服他,百姓也在观望他。在这种情况下,他当然得选用一个自己能驾驭的人做国相。吴起被田文说服了,觉得自己不如他那么透彻。

过了几年,田文去世了,公叔继任了国相之位。吴起那时依然名震天下,公叔非常忌惮他。于是他设计了一个圈套,让魏武侯对吴起起了疑心,吴起知道自己失去了国君的信任,不能久留,无奈之下只能选择离开魏国。

做令尹 变法身死

吴起离开魏国后,投奔了楚悼王。楚王早就听闻吴起的才能,不久即任命他为令尹(楚国国相),推行变法。吴起既师从过曾子,后又在西河向大儒们学习,并且亲身参与了李悝的变法,因而他很快根据楚国的情况进行了卓有成效的改革。吴起变法增强了楚国的军事实力,向南平定百越,向北吞并陈、蔡,还击败了三晋的军队。但是,因为变法剥夺了很多楚国贵族的利益,他们都对吴起恨之入骨。

正当吴起引领楚国不断富强时,全力支持变法的楚悼王去世了。被吴起变法损害利益的贵族们,迫不及待地对他群起而攻之，他们纷纷拿着弓箭追杀吴起。这时楚悼王还没下葬，遗体仍停在宫殿中，吴起退无可退，躲无可躲，眼看已经被敌人包围，必死无疑，他急中生智，索性扑倒在楚悼王的尸体上。那些贵族们早已杀红了眼，恨不得食其肉啖其骨，手里的弓箭丝毫不停，吴起就这样被乱箭射死了。当然，很多箭也误射在了楚悼王的遗体上。

不久，新的楚王继位，他将之前用箭射先王遗体的贵族全数诛杀，为此楚国被灭族的贵卿足有七十多家。吴起身前为变法不遗余力，死后也为楚王带走这么多阻挠变法的旧贵族，确实是罕见的能人。可惜吴起死后，楚国的变法没能更进一步，不彻底的变法终究没能让楚国脱胎换骨。

 文化常识

河西地区在哪儿？

吴起为魏国立下了汗马功劳，其中最为人称道的是他率军攻取了秦国的河西地区，并且担任了西河郡的郡守。那么河西地区究竟在哪儿？郡守又是一个什么官职呢。本篇我们通过"河西"这一名称，再了解一些关于郡县的知识。

战国时期秦魏争夺多年的河西地区，指的是今天陕西与山西两省间，黄河南段的西部地区，这片狭长的区域夹在黄河和洛水之间，人口众多，农业发达，又有天险优势，对于秦、魏两国来说都是不容忽视的战略要地。魏文侯时国力强大，经过数年的攻战，魏军完全占领了原属秦国的河西地区，并设置了西河郡。此时秦国只能退守洛水以西，并沿洛水建筑防御工事。秦国后世的数代国君，都以收复河西失地为使命，经过商鞅变法以及秦孝公、秦惠文王的励精图治，秦国终于抓住魏国马陵大败后的时机，取得了岸门之战的胜利，成功夺取了西河郡，收复了河西的全部失地。

所谓的"郡"，最早出现在春秋时期，晋国将新开发的土地设置为郡，土地面积比县大很多，但地广人稀。战国时期，各国都效仿三晋在边境地带设郡，主要功能是巩固边防，是各国的边防重镇。比如魏国获得了河西之地后，就设置了西河郡，目的是防范秦军；又如赵国获得北方胡地后设置云中郡，目的是防范北方游牧民族。因为设郡的目的是边防，因而郡的长官担负着守卫职责，他就被称为"守"，郡守有时又被尊称为太守，吴起就是西河郡的郡守。原先作为边地的郡，因为逐渐繁荣，人口增加，所以各国后来在郡中又分设若干的县。

由于战国时期国与国互相攻占，为了防范彼此，在毗邻的国土上大多设立了郡。而此后秦国在蚕食各国、统一天下的过程中，每吞并一地便设立郡，比如灭韩之后设置颍川郡、破赵都后设邯郸郡，等等。等六国完全被兼并时，天下已经普遍都设立了郡县。所以，郡县制并非是在秦统一后一蹴而就的，而是在春秋战国时期逐步发展形成而来的。

回到河西地区这一名称，在中国的悠久历史中，除了战国时代的河西，在另外一些历史时期，河西地区具有不一样含义。比如我们现在熟悉的"河西走廊"，并非秦魏争夺的河西，而是汉武帝击败匈奴，打通西域之后新开的地域。而到了隋唐五代等历史时期，河西的名称和含义也都略有不同，其中既有黄河形态、流域地形的改变，也有政治、历史、文化等各方面的变迁。有兴趣的读者可作进一步的拓展阅读。

原文选读

《史记·孙子吴起列传》选段

　　故楚之贵戚尽[1]欲害吴起。及悼王死，宗室大臣作乱而攻吴起，吴起走[2]之王尸而伏之。击起之徒因[3]射刺吴起，并中[4]悼王。悼王既[5]葬，太子立，乃使令尹尽诛射吴起而并中王尸者。坐[6]射起而夷宗[7]死者七十余家。

注解

　　[1]尽：全，都。[2]走：逃跑。[3]因：趁机。[4]并中：一起射中，同时射中。[5]既：已经，以后。[6]坐：因为。[7]夷宗：夷灭宗族，即灭族。

3. 齐威王

魏国通过李悝变法成为战国初期最强的诸侯国，其他国家纷纷效法。此时齐国也有一位英明的国君即位，他就是齐威王田因齐，他任用邹忌为相，主持变法，使齐国摆脱颓势，并通过几次决定性的战役战胜魏国，取而代之成为当时最强的国家。

田氏的齐国

齐虽然名称没有变化，但齐君却已经不是当初周武王封侯的太公望吕氏一族了。春秋霸主齐桓公在位时，陈国的公子陈完投奔了齐桓公，陈完将陈氏改为田氏。田完的后世子孙逐渐成为齐国的上卿，并慢慢控制了齐国的国政。到了齐威王的祖父田和时，田氏已经完全掌控了齐国的政权，田和将齐康公迁去海岛，只给他一个城的食邑供奉祖先祭祀。几年之后，田和被周天子正式封为诸侯，从此田氏名正言顺地成为齐君，齐康公一死，吕氏绝祀。

田和的谥号是齐太公，他的儿子田午的谥号是齐桓公，这两个称呼与之前吕氏齐国的国君相同（吕氏齐太公是指帮助周武王伐纣的太公望吕尚，吕氏齐桓公是春秋首霸齐侯小白），容易产生混淆，因此后世也将田和、田午分别称作"田太公"和"田桓公"。

齐威王田因齐是齐桓公田午的儿子。他即位前，齐国国势衰微，经常被其他国家侵犯，国民人心惶惶。齐威王即位时，魏、赵、韩三国还趁着齐君新丧的时机进犯齐国，面对人见人欺的局面，齐威王急需改变现状，此时他遇到了邹忌。

邹忌谏齐王

邹忌是齐国的大臣，齐威王继位后，他因善于弹琴得以进见威王，威王很赏识他，让他住在自己宫室的旁边。

有一天，齐威王正在弹琴，邹忌在外边听了会儿，推门而入，赞叹道："弹得真好啊！"被打扰的齐王有些不高兴地说："先生只听了个大概，还没时间细究，怎么就说弹得好呢？"邹忌解释说，琴声中的大弦、小弦以及弹琴的手法、和弦的共鸣和治理国家时君臣、政令、四时等所要遵循的道理是相通的，政治清明才能使人民安定，政令前后统一才能延续国祚。齐威王听了很受启发。

三个月后，齐威王授印给邹忌，任命他为国相，修订法令，推行改革。有一回，淳于髡（稷下学宫的著名学者，人物故事详见本书《28. 淳于髡》）来找邹忌，用隐晦的比喻向他谏言，每说一个隐语，邹忌都能准确地揣摩出其中的语意，并恭敬地表示自己会谨听良言，做到贯彻君命、谨慎行事、依附人民、选贤任能、惩治奸吏……淳于髡后来跟人说，邹忌非比寻常，他的变法一定能够成功，他也会很快加官晋爵。果然，没过多久，邹忌就因为卓有成效的改革，被齐威王封为成侯。

齐王烹奸吏

齐威王在邹忌的辅佐下，励精图治，广开言路，同时也积极约束法令，整顿吏治。《史记·田敬仲完世家》中记载了齐威王明察秋毫、惩罚奸吏的故事。

有一天，齐威王召见即墨大夫，即墨是齐国一个重要的城邑，即墨大夫就是这个地区的管理者。齐威王说："自从你管理即墨以来，我每天都听得到诋毁你的报告。但我派人去即墨视察，发现那里田野都得到了开垦，人民自给自足，官员没有积压的事务，一派安居乐业的景象，这都是你的功劳。为什么还有那么多人要在我面前说你的坏话呢？我想，这是因为你没有逢迎我身边人的缘故。"齐威王随即下令，赏赐即墨大夫一万户的食邑。

齐威王接着又召见阿大夫，也就是阿这个城邑的管理者。齐王对他说："自从你管理阿以来，我每天都听到赞扬你的话。不过我派人去视察，回报说那里到处是荒废的土地，人民十分贫困。之前赵国进攻阿附近的甄城，你却没能赶去救援，卫国侵犯了旁边的薛陵，你近在咫尺竟然毫不知情。你如此玩忽职守，却能让我身边的人都说你的好话，这全是因为你重金贿赂了他们的缘故啊。"齐威王于是下令，将阿大夫放入沸水处以烹刑，同时也把那些帮他说好话的人一并烹杀了。从此以后，齐国的官员谁也不敢文过饰非，人人恪守职责，齐国因而得到大治。

国家的宝藏

齐国迅速强大，在对外战争中也频频获得胜利，甚至战胜了不可一世的魏国。当时魏国仍然实力最强，因而在位的魏惠王（魏文侯之孙，因迁都到大梁，也称为"梁惠王"）开始有了称王的想法，他邀请了宋、卫等十二个小诸侯国举行了逢泽之会，一起朝见周天子，想以此确立自己的地位。但是魏惠王的所作所为却被其他大国所不容，很快魏国在马陵之战中被田忌、孙膑率领的齐军打败（"马陵之战"详见本书《4. 孙膑》）。魏国由此开始走向衰弱，魏惠王转而以低微的姿态朝见齐威王，并在齐国徐州（今山东滕州）与齐王相会时尊齐为王，齐威王不敢独自称王，于是也尊魏为王，这一事件被称为"徐州相王"。从此，在战国七个主要诸侯国中，魏、齐两国国君继楚国之后正式称王，也开启了其他几个大国国君陆续称王的序幕。

魏惠王与齐威王有一次在平陆相会。魏惠王问齐威王："大王您有珍宝吗？"齐威王说："没有。"魏王不禁有些得意："寡人国小，但也有直径一寸的夜明珠，安在车子的前后照着，这样的车，我有十二辆，怎么齐国这样的万乘之国反倒没有宝物？"齐威王笑了笑说："我眼中的宝物与大王不同，我有个叫檀子的臣子镇守南城，南方的楚国因而不敢进犯，附近的其他诸侯也都来朝见我，像这样的臣子我还有盼子、黔夫、种首等，他们个个尽忠尽职，福泽万户，光照千里，我认为他们才是我的宝物，区区夜明珠只照到十二辆车，怎么能跟这些珍宝相提并论呢？"魏惠王听了羞愧万分。

齐威王所说的宝物，就是帮助齐国不断富强的能人贤臣们。齐威王非常重视选用人才，不论出身，唯才是举，孙膑是刑余之人，淳于髡是地位低下的赘婿，全都得到了齐威王的重用。为了广招天下贤士，齐威王将他父亲齐桓公创设的稷下学宫发展壮大。稷下学宫是齐桓公在齐国都城临淄的稷门旁修建的讲学之所，齐威王将学宫扩大，并授予其中的饱学之士以上大夫的尊号，提供优厚的待遇，以此吸引无数有识之士前来投奔。稷下学宫也成为继魏国西河学派之后，战国时期又一个重要的文化中心，并逐渐引领出百家争鸣的思想文化盛况。而在齐威王、齐宣王的时代，齐国也取代魏国，成为当时最强大的诸侯国。

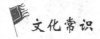

文化常识

《史记》中的年代错了吗？

《史记》是一部史书，但是记录的历史年代有错误，而且不止一处，其中存在最多问题的一篇就是《田敬仲完世家》。在记录战国时期齐国历任君王时，文章中遗漏了齐太公田和之前的一任田氏宗族领袖田悼子（田和之兄），以及田和之后的一任齐侯田剡（田和的长子，被弟弟田午所弑）。同时，齐桓公田午的在位时间也少了十二年，因而导致后续的齐威王、宣王等在位时间都被提前了。此外，《魏世家》《苏秦列传》等篇目也存在记录年代方面的错误。那么，为什么《史记》会发生这些年代的错误呢？后世学者又是通过什么方法发现这些错误的呢？

太史公在编写战国时代的历史时，能参考的史料并不丰富，原因是秦始皇统一天下后，曾经大规模焚书，其中就有战国时期其余六国的史书。太史公编著《史记》时，所能看到的唯有秦国的史料，以及战国时最盛行的纵横家一派流传的书。因此我们在读《史记》时会发现，与依据《左传》等史书编写的春秋时期的故事相比，战国时期的人物故事情节不多，而对话言论却占了主要的篇幅，这就是因为太史公所依据的秦史中记录其他六国人物的内容不详，而纵横家书又以记录游说献策内容为主，史料来源不够丰富，不能互为佐证，因而造成年代上容易产生偏差。

后世的学者能够发现并纠正《史记》中存在的错误，除了根据战国诸子百家以及《战国策》等古籍外，主要对照的还有一本被称为《竹书纪年》的古籍。在晋朝时，也就是秦统一天下大约五百年后，有人从战国魏襄王的墓中盗取出一批竹简，竹简上记录了夏、商、西周、春秋时期晋国、战国时期魏国的历史，一直记录到魏襄王（魏惠王的儿子）二十年（公元前299年）。这部记录在竹简上的编年史书被称为《竹书纪年》。这部古籍在战国时期就被埋进了魏王的陵墓，因而躲过了后来秦始皇的焚书之祸，而其中记录了战国时期魏国的编年史，后世的学者就可以据此纠正《史记》中的一些错误。

可惜的是，晋代发现的这部《竹书纪年》原本，到了宋代又散佚了，而元明时期出现的《竹书纪年》刻本是由后人重新编写的，错误较多。后来，清朝的学者为了恢复原本《竹书纪年》的内容，将宋朝之前古人在其他文章中引用《竹书纪年》的文字片段搜寻出来重新整理编辑，这便是《古本竹书纪年》（元明时期出现的刻本被称为《今本竹书纪年》），经过学者们的不断考订和研究，虽然内容仍有缺失，但却能够通过对照这部《竹书纪年》，将包括《田敬仲完世家》在内的《史记》中存在的一些年代问题加以纠正。

原文选读

《史记·田敬仲完世家》选段

魏惠王围邯郸，赵求救于齐。齐威王召大臣而谋曰："救赵孰与①勿救？"驺忌子曰："不如勿救。"段干朋曰："不救则不义②，且不利③。"威王曰："何也？"对曰："夫魏氏并④邯郸，其于齐何利哉？且夫救赵而军⑤其郊，是赵不伐而魏全也⑥。故不如南攻襄陵以弊魏⑦，邯郸拔而乘魏之弊⑧。"威王从其计。

注解

①孰与：哪一个，此指在救与不救中选择哪一个策略。②义：道义。③利：利益。④并：吞并。⑤军：驻军，屯兵。⑥是赵不伐而魏全也：此指（如果采用在郊外按兵不动的办法）赵国不被讨伐而魏军也将保全。⑦弊魏：（攻打襄陵）使魏军受损。⑧乘魏之弊：趁魏国（攻下邯郸后）疲惫之时。

4. 孙 膑

　　《史记》中的《孙子吴起列传》是一篇合传，虽然篇名看上去只有孙子（孙武）和吴起两人，其实在孙武的传后紧跟着孙膑的传，司马迁用了不少篇幅记录了孙膑的传奇故事。

师出同门　庞涓害孙膑

　　孙膑出生在齐国，是春秋时期吴国大将孙武的后世子孙，他曾和庞涓一起学习兵法，是同门师兄弟。学成之后，庞涓在魏国受魏惠王重用为将，但他自认才能不及孙膑，害怕孙膑总有一天取代自己的地位，于是派人把孙膑召到魏国，假装要任用他。孙膑来到魏国后就被庞涓陷害，被施以膑刑（一种断腿的刑罚）和黥刑（脸上刺字的刑罚）。

　　庞涓以为孙膑成了刑余的废人，今后羞于见人，对自己就不会有什么威胁了。然而孙膑并没有一蹶不振。过了一段时间，齐国派使者到魏国的都城大梁，孙膑以服刑犯人的身份，想办法找到了齐使。使者被他的见识和才能折服，于是将孙膑混入自己的随从中，偷偷用马车载离大梁，一起回到了齐国。

田忌赛马　齐王用孙膑

孙膑来到齐国之后，得到了齐国大将田忌的赏识，成为他的门客。田忌对孙膑非常信任，虽然孙膑行动不方便，田忌还是喜欢到处带着他。

有一回，田忌带孙膑去看他和王公贵族们赛马。齐国权贵们常常选出自己的马车比赛输赢，而且会下很大的赌注，以此为乐。孙膑观察到贵族们的马匹腿力都差不多，但按规则各自的马要分为上等马、中等马和下等马分别比赛。孙膑对田忌说："大人您尽管下注，我会想办法让您的马获胜的。"田忌很信任他，真的下了很大的赌注，齐王及贵族公子们也都下了千金的重注。比赛就要开始了，孙膑对田忌说："大人，请调整一下马的出场顺序，先请用您的下等马和他们的上等马比，接着用您的上等马与他们的中等马比，最后用您的中等马和他们的下等马比。"比赛结果，田忌的马输了一场，赢了两场，最终获胜，把所有人的赌注都赢了回来。

齐威王派人问田忌，你是怎么获胜的啊？田忌于是将孙膑引荐给了齐王，齐王见这是一位受过刑的人，非常震惊。齐王又向孙膑请教兵法，发现他精通用兵，是一位不可多得的人才，这下齐王高兴了，自己虽然输了千金的赌注，却得到了孙膑这个无价的宝藏。不久，齐威王即尊孙膑为师，予以重用。

围魏救赵　孙膑助田忌

这一年，魏国攻打赵国的都城邯郸，赵国向齐国求救。齐威王打算任命孙膑为将，孙膑推辞说自己是刑余之人，身有残疾，不能做主将率领军队。于是齐威王任命田忌为主将，让孙膑做军师，为他出谋划策。齐威王还专门为孙膑准备了一辆带帐篷的车，孙膑于是坐着这辆车随军出征。

田忌是一位勇敢的主将，他想率领军队直扑邯郸，与魏军正面决战，迅速解救邯郸。但孙膑认为不可行，他对田忌说："要解开一团乱麻，应该先松手找出线头，而不能紧握线团乱扯；同样，要劝开两个正在缠斗的人，不能冲进去乱抓瞎扯，而应该先看清形势，找准机会，抓住他们的要害，这样他们就会停下来。现在魏国与赵国正在酣战，魏军精锐尽出，留在国内的必定都是些老弱疲兵。我们不如避实就虚，率军直奔魏都大梁，魏军主力害怕大梁被攻破，一定会回师解救，而我们只要在沿途要冲之地截击他们，必然可以攻其不备，取得胜利。这样既解了赵国之围，又可以击败魏军，一举两得。"田忌同意了孙膑的策略，指挥军队向大梁进发。魏军主力闻讯，果然火速撤退，不过他们在赶回救援的途中，在桂陵这个地方被齐军击败。

桂陵之战，齐军通过围魏救赵的策略击败了强大的魏军。但魏国此时元气未伤，仍然东征西战，傲视群雄。

马陵之战　孙膑灭庞涓

　　十几年后，魏国派庞涓作为主将进攻韩国，韩向齐国求援，齐国仍然派出田忌和孙膑率军救援。田忌复制了当年围魏救赵的办法，领军往魏都大梁而去，庞涓只能停止攻韩，率军回国救援。这时，齐军已在魏国境内，孙膑向田忌献策说："三晋的军队向来以勇猛著称，他们看不起我们齐军，以为齐人都胆小怯懦，我们应该利用他们的这种偏见，因势利导，让他们听我们摆布。兵书上说，军队如果急行百里仓促应战，很可能损失大将；如果急行五十里仓促应战，则可能损失一半的士兵。我有办法让魏军长途奔袭，仓促应战……"

　　孙膑的计策是下令全军，第一天正常起十万灶做饭，第二天减为五万灶，第三天减到两万灶。赶回救援的庞涓查看了齐军遗留的痕迹后，大笑着对属下说："齐军果然都是胆小鬼啊，进入我国才三天，就已经有一半兵逃走了。"于是，庞涓决定撇下步兵，只率领轻锐以两倍的行军速度，日夜急行追击齐军。孙膑得到报告，预测出按照庞涓的速度，当天傍晚能到达马陵。马陵这个地方道路狭窄，正是设伏兵的理想地点，于是孙膑命士兵将路边一棵大树的树皮剥去，在露出的白树干上写了"庞涓死于此树之下"几个大字。接着他在路的两边埋伏下善射的弩兵，命令他们只要看到有人在树下举起火把，就对着火把的方向射击。

　　太阳落山后，庞涓果然率领轻锐到达马陵，但道路狭窄，前路不明。庞涓见路旁有一棵大树露着树干，上面隐约有字，于是命人点了火把，想要看个究竟。道路两旁突然万箭飞来，魏军猝不及防，死伤大半。庞涓中了孙膑的计策，自知插翅难飞，只能拔剑自刎。临死前，他恨恨地叹息道："成就了孙膑这小子的名声啊。"齐军一鼓作气大败魏军，还活捉了魏军主帅太子申。

马陵之战不仅让孙膑名闻天下，更让魏国从此由盛转衰。魏国虽通过变法富强，但处于四战之地，而魏惠王又称王称霸，不断东征西讨，引发了他国的仇视，在齐、秦、楚等国的不断打击下，魏国发展的势头被遏制了。当时，各国都纷纷效法魏国进行变法，齐国邹忌、楚国吴起、韩国申不害、赵国公仲连等相继在各国进行了卓有成效的变法改革，其中最成功的无疑是秦国的商鞅变法。

 文化常识

万弩齐发——战国时的兵器

孙膑在马陵之战中，准确推算出庞涓到达的时间，并在道路两旁埋伏了弩兵。可见，战国时期弩已经作为兵器广泛应用，并有了专门使用弩的部队。那么战国时期的军队一般装备有哪些兵器呢？

春秋时期的兵器是铜制的，而进入战国时期，由于冶铁技术的发展，铁制兵器逐渐替代了青铜兵器。军队中一般配备的长兵器有戈、矛、戟，短兵器有剑，远距离发射的武器有弓箭和弩。弩在春秋时期便作为兵器使用，但到了战国时才在各国普遍装备。弩脱胎于弓，将弓横置并装有弩臂，弩臂后部装有弩机装置，弓弦拉开后勾住弩机上被称为"牙"的部件。士兵只要扣动弩机下方的扳机（称为"悬刀"），箭镞就被发射出去。弩按照不同的张弦方式，可分为用手臂力量张弦的"臂张弩"，用脚踏方式张开发射的"踏张弩"等不同种类。虽然使用弩时，装填箭镞并没有弓那么方便，但因为发射时双手无需持续用力，又便于瞄准，因而弩箭的射程、命中率和杀伤力都比弓箭大大提高了。

弩中有一种比较有名的"诸葛连弩"，据说是三国时期蜀国丞相诸葛亮发明的，可以连续发射多支箭镞。根据考古发现，连弩在战国时期就已经出现，只是其射程和威力有限，因而并不常见。战国时期另有连弩车，就是在车上装备一架大弩以及多架小弩，在攻城拔寨时，多弩齐发，威力巨大。

 原文选读

《史记·孙子吴起列传》选段

于是孙子谓田忌曰："君弟①重射，臣能令君胜。"田忌信然②之，与王及诸公子逐射③千金。及临质④，孙子曰："今以君之下驷⑤与彼上驷，取君上驷与彼中驷，取君中驷与彼下驷。"既驰三辈⑥毕，而田忌一不胜而再⑦胜，卒⑧得王千金。

注解

①弟：但，尽管。②然：这样。③射：下赌注。④临质：临场比赛。⑤驷：由四匹马拉的马车，或拉同一辆车的四匹马，此指参加比赛的马车。⑥三辈毕：指三场比赛结束。⑦再：两次，此指两场。⑧卒：最终，最后。

5. 秦孝公

秦孝公是战国初期的秦国国君，他任用商鞅进行变法，使得秦国走上了富国强兵之路。秦能够崛起于西部，最终一统天下，这一事业的奠基人就是秦孝公。在《史记》中通过《秦本纪》《商君列传》等篇，我们可以了解这位国君变法强国的开创历程。

继位之前

春秋时期，秦国曾在秦穆公时代成为西部的霸主，但是，强邻晋国阻碍了秦国向东方也就是中原地区的发展。到了战国时期，晋国被赵、韩、魏三家所分，魏国成了秦国的强邻。当魏文侯通过李悝变法使魏国迅速强大时，秦国却正陷在国内动荡的政治乱局之中。魏国趁机攻占了秦国的河西地区，并由名将吴起驻守，秦国只能勉强采取守势。当时，崤山以东的国家都视秦国为文化落后的西部戎邦。

自从秦献公继位，秦国的国势终于有了起色：先是废除了活人殉葬的野蛮制度，接着筑造栎阳城，将秦国国都从雍城东迁至此，体现了他向东方发展、收复河西失地的决心。

在献公的励精图治下，秦国渐渐摆脱了被动挨打的局面，趁着魏国此时正忙于攻略中原，无暇西顾之时，秦国在河西地区打了几次翻身仗，先在石门之战中斩首魏军六万，后又在少梁之战中俘获主帅公叔痤，又一次重挫魏军。然而此时，秦献公去世了。他的儿子继位，也就是秦孝公，时年二十一岁。

继位之后

秦孝公继位时，崤山和黄河以东有魏、赵、韩、齐、楚、燕六个强国，在淮河和泗水之间，还有宋、鲁、卫、郑等十多个小国，与秦国接壤的邻国是魏和楚。当时，周天子的权威名存实亡，各国互相攻伐吞并，秦国地处偏远的西部，与东部这些诸侯关系不大，被视为落后的戎狄国家。和他的父亲一样，秦孝公对秦国的现状非常不满，他决心让秦国重新强大起来，重现春秋霸主秦穆公时代的辉煌。于是秦孝公身体力行，对人民广施恩惠，扶助孤寡，同时招募战士，严明奖赏。为了吸引天下英才为秦效力，他还发布了求贤令。

秦孝公在求贤令中回顾了祖先秦穆公的文治武功，颂扬他向东平定晋乱，向西称霸戎狄，扩土千里的丰功伟绩，盛赞秦穆公获得天子的尊敬、诸侯的仰慕，为秦国子孙后代开创了辉煌的基业。秦孝公说现在的秦国政治动荡，内忧引发了外患，三晋攻取了河西疆土，诸侯们都小看秦国，觉得这是莫大的耻辱。秦孝公痛惜迁都栎阳的先君秦献公，壮志未酬身先死，未能收复失地。秦孝公想到先君的遗愿，就痛彻心扉，所以他向所有人宣布：只要有人能够进献使得秦国富强的策略，就给他加官晋爵，分地封侯。

秦孝公的求贤令果然吸引到了许多能人志士，其中就有从魏国来的卫鞅。

变法之前

卫鞅从魏国来到秦国，通过秦孝公的宠臣景监进见孝公。第一次见面谈了很久，孝公听得都打起了瞌睡。谈话结束后，孝公召见景监，训斥他说："你给我引荐的那个卫鞅是个狂妄无知的家伙，哪里值得我重用他？"景监气愤地找到卫鞅，转述了孝公的话，卫鞅却求他再次安排谒见。五天之后，秦孝公又见了卫鞅，这次卫鞅向他介绍以王道治国的方法，秦孝公仍然不感兴趣。第三次见面，卫鞅讲了春秋霸主的治国之道，这回秦孝公告诉景监，卫鞅还不错，可以再听他谈谈。

第四次见面时，卫鞅已经摸准了秦孝公的心思，他又讲了很长时间。秦孝公不但没有瞌睡，反而越听越兴奋，他倾着身子听得全神贯注，居然就这样听卫鞅谈了几天，还觉得不过瘾。景监惊讶地问卫鞅："你到底对国君讲了什么呀？看他听你的话高兴成那样！"卫鞅回答说："我当初用尧、舜的治国之道说给国君听，国君告诉我说'时间太长了，我等不起啊，有雄心壮志的君王，谁不是在活着的时候就创下丰功伟绩的，哪能等上几十年、上百年去成就所谓的帝王大业。'于是我就向他介绍实用的强国之术，国君一听就很高兴，觉得这才是他想要的治国之道。"

秦孝公准备重用卫鞅，但是当卫鞅提出发展农业、奖励军功等变法主张后，却遇到了很多阻碍。变法必须打破许多旧制，就连秦孝公都没有完全做好准备，卫鞅劝孝公要想国富民强，就必须打破旧的那一套，困难和阻碍一定有，但只要让百姓感受到变法的成效，他们就会转而拥护变法的。秦国以甘龙、杜挚为代表的众多权贵也纷纷表示反对变法，卫鞅又据理力争，幸亏秦孝公最终坚定了自己的决心，明确了支持变法的态度，秦国的变法才得以施行。

变法之后

卫鞅的变法试行了一段时间后颇有成效，于是秦孝公任命卫鞅为左庶长（秦国官职名），正式实行变法（变法相关内容详见本书《6. 商鞅》）。在变法过程中，秦国民众对于新法令有一个逐渐适应的过程，而对于卫鞅这个人，仇视他的人却越来越多，尤其是那些被卫鞅的法令伤害的王公贵族们，甚至连太子也都因犯法而面临刑罚。按照法令，太子犯法也应治罪，但太子是未来的国君，不便施加刑罚，于是卫鞅将刑罚加在了太子的老师们身上。连太子都被依法治罪，卫鞅推行变法的背后是秦孝公无比的信任和坚定的支持，因为变法的最终目的就是让国君集中权力治理国家。经过数年的变法，秦国果然国力大增，秦孝公又将卫鞅晋升为大良造，实行第二次变法。

经过卫鞅的两次变法，秦国走上了富国强兵之路，打了许多胜仗，秦孝公也将国都迁往咸阳。当时，周天子赐给秦孝公"方伯"的尊号，诸侯们都前来祝贺，秦孝公终于实现了自己的誓言，重现了秦穆公时代的辉煌。然而，秦孝公并没有就此骄傲，他仍然运筹帷幄，一方面派使臣参加魏惠王的会盟，助长魏王的骄气；另一方面，等魏国引发众怒遭到别国打击时，他立刻派卫鞅攻魏，成功夺回了大部分的河西失地。

秦孝公去世后，太子继位，即秦惠文君。虽然之后卫鞅即被追讨身死，但秦国变法已入正轨，秦律已深入人心，即便是痛恨卫鞅的秦惠文君，也丝毫没有动摇或废除秦律。卫鞅施展了平生的才华，获得了一世的荣华。而背后主导变法的秦孝公，却就此为大秦打下了统一的基业。

 文化常识

从雍到咸阳——战国迁都为哪般？

春秋战国时期，雍是秦国定都时间最长的地方，自秦德公至秦献公历经19位国君，共294年。春秋霸主秦穆公也是在此运筹帷幄，称霸西戎，创下不朽的功业。但是，秦献公继位后却迁都栎阳，他的儿子秦孝公又很快迁都咸阳，秦国连续迁都的原因是什么呢？

秦献公向东迁都到栎阳的原因，并不是躲避危险，而恰恰是为了迎战困难。当时魏国攻占了秦国的河西之地，秦国退守到洛水一线防御，但魏国仍然威胁着秦国的东境。因此，秦献公向东迁都，是为了更好地指挥前线，也向国人显示了收复失地的决心。经过秦献公、秦孝公两代君王的奋斗，河西失地被收复了，这一目标完成后，秦孝公决定另立新都。此时秦国的头等要事是商鞅主持的变法。为了摆脱旧都中盘根错节的贵族保守势力，秦孝公将国都西迁至地理环境更为优越的咸阳，之后秦国一直定都于此，咸阳也最终成为秦统一天下后的国都。所以，秦国连续两次迁都由当时国内外的形势所决定，原因并不相同。

同样，战国时期的主要国家大多数也曾迁都，甚至多次迁都。比如魏国在魏惠王时从安邑迁都至大梁，魏国因此常被称为梁国，魏惠王也被称为梁惠王。至于魏国将国都东迁大梁的具体时间和原因，学者们的说法不一，主要的观点一说是为了避开西部强秦的锋芒，另一说是为了更好地经略中原。另外，韩国国都从宜阳到阳翟，后来韩灭郑之后，又迁都到新郑；赵国国都从晋阳迁到中牟，后又迁到邯郸。三晋的迁都方向都是向东向南，似乎都有攻略中原的企图。楚国在战国时期的数次迁都，则大多是被逼无奈。秦将白起先后攻破楚国的别都鄢、都城郢，焚烧楚国宗庙和祖陵，楚顷襄王被迫迁都于陈，他的儿子楚考烈王则为了避开秦军锋芒，先后向东迁都钜阳、寿春。因此，楚都东迁的原因与当年周平王东迁避乱倒是有些相似。战国七雄中只有燕都蓟、齐都临淄比较稳定，并没有实际意义上的迁都，这或许与两国地处东部有一定的关系。

原文选读

《史记·秦本纪》选段

孝公元年，河山①以东强国六，与齐威、楚宣、魏惠、燕悼、韩哀、赵成侯②并③。淮泗之间④小国十余。楚、魏与秦接界。魏筑长城，自郑滨洛以北，有上郡⑤。楚自汉中南有巴、黔中⑥。周室微，诸侯力政，争相并⑦。秦僻在雍州，不与中国诸侯之会盟，夷翟遇之⑧。

注解

①河山：黄河和崤山。②齐威……赵成侯：分别指齐威王、楚宣王、魏惠王、燕文侯、韩哀侯、赵成侯。③并：并时，这里指同时代。④淮泗之间：淮河与泗水之间。⑤魏筑长城……有上郡：魏国修筑长城，从郑县沿洛水向北延伸，占有上郡。⑥楚自……黔中：楚国从汉中向南占有巴郡、黔中郡。⑦诸侯力政，争相并：诸侯凭借武力对外征伐，争相兼并。⑧夷翟遇之：指把秦国看作夷翟一样的国家，翟也作"狄"。

6. 商　鞅

《史记》中有一篇《商君列传》，记述的是商鞅的故事，因为他是卫国人，所以书中多称其为"卫鞅"，又因为他姓公孙氏，所以有时也记作"公孙鞅"，而称其为"商君"或"商鞅"的原因，是因为秦孝公曾将於、商的十五邑分封给卫鞅，以封地名"商"为尊称。让我们一起通过《商君列传》中的记述，了解这位卫国的庶子"卫鞅"如何成为天下闻名的"商君"。

无足轻重的中庶子

商君名鞅，是卫国的一名庶出公子，姓公孙氏。他从小就爱好刑名之学，后来侍奉魏国相国公叔痤，担任中庶子（官名）。

公叔痤欣赏卫鞅的才干，但还没来得及把他引荐给魏王。公孙痤生了重病，魏惠王前来探看，担忧地问他："相国您千万要保重啊，万一您有个三长两短，这副重担我托付给谁啊？"公叔痤回答说："我这儿有一位中庶子叫公孙鞅，年纪虽轻，但是个奇才，大王您可将国家大事放心交给他处理。"魏惠王沉默着没接话。公叔痤让左右退下，单独对魏王说："大王您既然不想用卫鞅，那么请您干脆把他杀了，不要让他离开魏国。"魏王点头答应了。

公叔痤随即让人把卫鞅找来，抱歉地对他说："今天魏王来问谁可以为相，我推荐了你，但看他的神情并不接受。我推荐你是从国君的角度考虑，既然他不想用你，那么站在臣子的立场上，我就劝他一定要把你杀了，不能留着你被别国所用，他答应了。所以你得赶紧逃离魏国，不然就会被抓走。"卫鞅摇了摇头说："相国您放心，魏王既然没听您的话用我，那他也断然不会听您的话来杀我的。"果然，魏惠王回去后压根没把卫鞅放在心上，反而跟左右说："我看相国病的不轻啊，他居然想让我任命一个无足轻重的中庶子公孙鞅为相国，这也太荒唐了！"

左庶长推行变法

不久公叔痤去世了，卫鞅听说秦孝公正在招贤纳士，于是离开魏国去了秦国，并通过秦孝公的宠臣景监得以觐见孝公。经过一段时间的准备，秦孝公任命卫鞅为左庶长，君臣二人力排众议，毅然开始在秦国推行变法。

卫鞅在魏国时，对李悝变法非常了解，他来秦国时还随身带着李悝的《法经》，因此卫鞅的第一次变法几乎是按照《法经》的条令施行的，只是秦国不称为"法"，而改称为"律"。当然，卫鞅在此基础上也增加了一些法令，比如"连坐"：将十家编为一"什"，五家编为一"伍"，互相有监督检举的责任，其中只要有一家犯罪，其余几家连带治罪。连坐只是众多刑罚中的一条，秦律对很多刑罚都规定得明确细致，同时赏罚分明，对于奖赏也制定了详细的爵位等级。所有的"罚"和"赏"的规定，归根结底都是为了要让民众努力耕种、英勇杀敌，简而言之就是"耕""战"二字。

法令准备就绪，民众会不会执行呢？

这一天，秦国都城的市场南门边，兵士们树立了一根三丈高的木头，官员向百姓们宣布说："接左庶长令，谁有本事把这根木头搬到北门去，赏赐十金。"围观的人们面面相觑，真的还是假的啊？搬这木头并不难，这么容易就能得钱吗？大家都迟疑了。官员见没有一个人上前，又大声宣布道："谁把这根木头搬到北门去，现在赏赐五十金。"人群中嗡地一下议论开了，惊叹声、质疑声、讥笑声，还有咒骂声……但是五十金实在太诱人了，终于有个男子大大咧咧地走到木头前，搓着手说道："我来，大不了算我白搬呗。"男子扛起木头径直往北门走去，官员和卫士跟在他身后，再后面就是乌泱泱一大群人。木头在北门被放下，当男子真的接过五十金奖赏时，他简直不敢相信自己的眼睛。而周围的人们则围着男子欢呼雀跃起来。从这一天开始，百姓们都相信无论国君下达怎样的法令，令出必行。

然而，新法施行了一年多后，民间抱怨新法的声音逐渐多了起来。就在这时，太子也犯法了。太子是未来的国君，不能对他用刑罚，于是卫鞅依法处罚了太子的老师公子虔，而另一位老师公孙贾则被施以黥刑（脸上刻字的刑罚）。这个消息很快就被传出去了，百姓于是都不敢再抱怨，老老实实地按照法令行事，因为大家都明白了，除了国君之外，秦律甚至比太子还厉害。

大良造二次变法

新法施行十年之后，秦国面貌已经焕然一新，道不拾遗，山无盗贼，百姓为国作战，英勇无畏，但绝不敢随意私斗，人人自给，家家富足，变法收到了理想的效果。

秦孝公此时任命卫鞅为大良造（秦国军政首长），让他放手进行二次变法，将改革进行到底。二次变法的重要内容是在秦国全境推行县制，全国共设置了三十一个县，每个县各设县令、县丞以及县尉，负责治理辖区；同时整治田地，推倒田界，重新分配，并统一了度量衡。以上措施进一步将政权和兵权集中于朝廷，形成了中央集权的统一的政治体制，更好地发展了小农经济，增加了赋税。而一旦有人犯法，仍然施以严刑，比如太子老师公子虔又一次犯法而被施以劓刑（割掉鼻子的刑罚）。过了几年，秦国因为变法而更加富强。

这时候，魏国在马陵之战中惨败给齐国，秦孝公趁机派卫鞅率军伐魏。魏军的主将是卫鞅的老熟人公子卬。两军对峙，卫鞅写了封信给公子卬，说不如化干戈为玉帛，双方阵前结盟，各自回师。公子卬对卫鞅的提议没有丝毫怀疑，因为结盟是一件很郑重的事情，而且卫鞅也是故交，于是他很快答应了。但是万万没想到，卫鞅居然在结盟现场设了埋伏，把公子卬抓了起来，秦军趁机发动进攻，将群龙无首的魏军杀得大败。卫鞅背信弃义捉了公子卬，魏惠王无奈之下只能割让河西之地，向秦国求和。这回，他终于后悔当初没有听公叔痤的话了。卫鞅为秦国夺回了河西之地，秦孝公将於、商的十五邑分封给他，从此号称商君。

惨遭车裂的商君

商鞅辅佐秦孝公多年，位高权重，因此很多人对商鞅恨之入骨。有一次，商鞅想结交一位叫赵良的贤士，但被拒绝了。他很纳闷，请教赵良说，自己变法取得的功绩，可以和当初辅佐秦穆公称霸的百里奚相媲美，为何赵良对他抱有成见呢？赵良回答"千羊之皮，不如一狐之腋；千人之诺诺，不如一士之谔谔"，意思是商鞅听惯了奉承的话，而他此刻想要说的都是逆耳的忠言。赵良对商鞅说，百里奚施行的是德政，百姓依附他；而商鞅的严刑酷法，只是让民众害怕，让贵族仇恨。他劝商鞅别再贪图权力富贵，赶紧隐居自保，因为商鞅的处境"危如朝露"，一旦秦孝公去世，商鞅的死期就到了。但是，商鞅并没有听赵良的劝告。

不久，秦孝公去世，太子嬴驷继位，即秦惠文王。当初被商鞅施以刑罚的公子虔、公孙贾等人纷纷告发商鞅谋反，惠文王做太子时就不喜欢商鞅，因此立刻下令捉拿他。商鞅仓皇逃跑，中途想要住店歇息，却遭到店主人的拒绝。原来商鞅的法令规定，没有通行证不能入住旅店，否则店主人将被连带治罪，商鞅不禁叹道："新法的弊端竟然到了如此地步吗？"此刻，他终于尝到了自己埋下的苦果。商鞅之后又想逃去魏国，但魏国人不收留他，因为他当年用卑鄙的手段抓了公子卬，害得魏国兵败割地。别的国家也不收留商鞅，因为谁也不想得罪强秦，最后商鞅逃到了自己的封地，准备带领手下杀出一条生路，但最后他还是被秦军杀害了。秦王下令将商鞅族灭并处以车裂之刑，以此警告世人不要像他那样谋反。

商鞅幸运地被秦孝公所用，完成了秦国变法的功业，然而破旧立新是一个痛苦的过程，商鞅的新法为国君集权治国，但也严重损害了旧贵族的利益，商鞅的悲惨结局就是变法的代价之一。然而，从个人角度而言，热衷于推行严刑酷法的商鞅，依靠宠臣引荐、刑罚太子师、欺骗公子卬、不听赵良劝告等等做法，与他的性格也必有关系。正如太史公在《商君列传》的篇末评传中所言"商君，其天资刻薄人也"，他认为商鞅是一个刻薄寡恩之人，最后以谋反罪惨遭车裂，全族被灭，似乎也有其自身的原因。

 文化常识

黥、劓、车裂——古代的残酷刑罚

在商鞅的故事中，多次出现了对于犯法者用刑的记述，比如太子犯法后，因为不能对太子用刑，于是就"刑其傅公子虔，黥其师公孙贾"，其中的"黥"指的是在脸上刺字的刑罚；几年后"公子虔复犯约，劓之"，其中的"劓"是指割去鼻子的刑罚。这样的刑罚虽然不危及生命，但也是残酷的肉刑，特别是对于像公子虔、公孙贾这样的王公贵族来说，这样的肉刑是巨大的耻辱。周代对贵族用刑是非常慎重的，《礼记》中记载："刑不上大夫，刑人不在君侧。"也就是说刑罚不是针对贵族阶层的，君王身边也不能再用受过刑的人。但是商鞅变法却打破了这样的规则，不仅对王公贵族用刑，还用律法约束太子，因而在这一过程中，商鞅无可避免地与众多贵族结怨，因为他的变法最终目的是为君王集中权力。

以上的黥刑、劓刑，是先秦时代肉刑中较轻的刑罚。黥也被称为"墨"，古籍中提到的刑罚另有剕刑、宫刑、大辟等。其中剕刑又称刖刑，是断足的刑罚，宫刑即太史公司马迁所受之腐刑，大辟则等同于死刑。苏轼有一句诗"刖人有余坑，美石肖温瓒"，是他游荆山时见到传说中的卞和采玉坑而写，其中的"刖人"指的就是卞和，他因为献玉石而遭受了刖刑，被砍去了双腿。

有些战国人物的名字中即包含了刑罚名。比如齐国有一位稷下学者名叫淳于髡，"髡"是髡刑的意思，指的是一种剃掉头发的耻辱性的刑罚，可能与淳于髡出身赘婿的低贱身份有关。齐国军师孙膑名字中的"膑"，据说就是因为他曾遭庞涓陷害，遭过膑刑的原因。膑刑是除去膝盖，使人无法行走的刑罚。

回到本篇商鞅的故事，商鞅死后，被秦惠文王下令车裂。车裂是古代最为残忍的刑罚之一，又称"五马（牛）分尸"。在《史记》的记录中商鞅、苏秦等人最后都遭受了这一残酷的刑罚。古代的肉刑往往血腥残忍而带有惩罚性和耻辱性，统治者通过这样的刑罚达到警示震撼世人的目的。

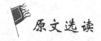 原文选读

《史记·商君列传》选段

魏使公子卬将[1]而击之。军既相距[2]，卫鞅遗[3]魏将公子卬书曰："吾始[4]与公子欢[5]，今俱为两国将，不忍相攻，可与公子面相见，盟，乐饮而罢兵，以安秦魏。"魏公子卬以为然[6]。会盟已[7]，饮，而卫鞅伏甲士而袭虏[8]魏公子卬，因[9]攻其军，尽破之以归秦。

注解

① 将：领兵，率领军队。② 距：对峙。③ 遗：送给，赠送。④ 始：当初。⑤ 欢：相交，友好。⑥ 然：对，不错。⑦ 已：结束，完毕。⑧ 袭掳：袭击并抓走。⑨ 因：趁机，趁势。

"蓝田之战"字形：隶书，笔意取自东汉《礼器碑》。

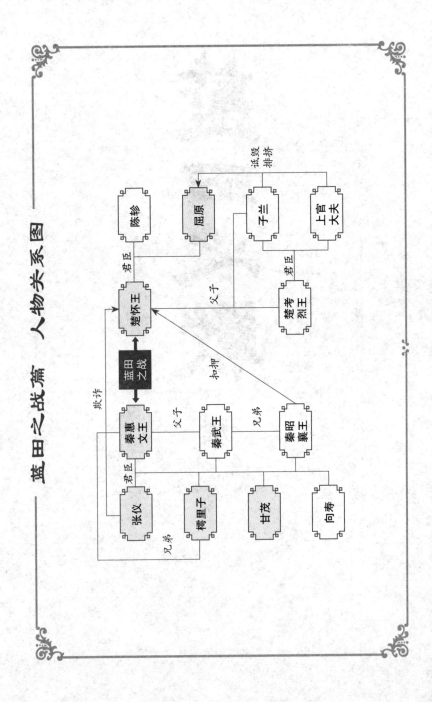

蓝田之战篇 人物关系图

7. 秦惠文王

在《史记》中，记录秦惠文王的笔墨并不多，只在《秦本纪》中简单扼要地记录了其在位期间的大事。但是看一下这些记录，就会发现简短的文字中浓缩了他的无数伟业以及麾下众多的能人，其中张仪、樗里子、甘茂等在《史记》中都另有传记。因此，秦惠文王是秦国崛起中非常重要的人物，我们通过《秦本纪》及其臣子的列传（《张仪列传》《樗里子甘茂列传》），一起了解这位秦王的故事。

东掠魏地　北并义渠

秦惠文王即秦孝公的儿子嬴驷，他即位后立刻诛杀了主持变法的功臣商鞅，但延续了他的法令。秦惠文王既摆脱了功高震主的权臣威胁，将权力集中在自己手上，又继续了变法的事业，维持了秦国的富强，足见这是一位既有远见卓识又有政治手腕的君王。秦惠文王在位的第十四年称王，称王的当年改元，又在位十四年，因此他的在位时间可分为称王之前和称王之后两段。

秦惠文王即位之初的主要行动，是不断向东进攻魏国。

当初魏国掠夺了秦国的河西之地，在秦献公、秦孝公两代国君的奋争下，秦国已经夺回了部分失地。等秦惠文王继位时，秦国的实力已今非昔比，他趁魏国多线作战，顾此失彼之时，连续对魏国展开攻势，短短十年不到的时间，就逼迫魏国归还了所有的河西土地。不仅如此，秦国又趁势跨过黄河，占领了魏国河东部分地区，并以此为根据地，扼守函谷关，开启了向东的攻略。但秦国也面临着腹背受敌的问题，处于秦国西北部的戎族义渠国，总是发动侵袭，对秦国构成了一定威胁。在秦惠文王的指挥下，经过几番较量后，义渠向秦国臣服，义渠王降为秦臣，举国为秦郡县。

秦惠文王执政初期的主要辅臣，是大良造犀首（即魏国人公孙衍）。即位的第十年，秦国开始设置国相，秦王任命张仪为相，失意的犀首则投奔魏国成了魏将。这之后战国的局势可以概括为一个词——"纵横"，即"合纵"与"连横"。"合纵"指弱国抱团攻打强国，"连横"指弱国依附强国攻打其他国家。此时的纵横，主要是公孙衍联合东部诸侯合纵攻秦，而张仪通过连横策略化解针对秦国的联盟，然后各个击破。

西吞巴蜀　南败强楚

秦惠文王称王后，韩、燕、赵、中山等国也陆续称王，当时最强大的国家是秦、齐、楚三国，其余国家面临的问题是与谁结盟，主张合纵和连横的辩士在各国国君中展开游说，博取自身功名的同时，也希望凭借口舌左右天下的局势。主张合纵的犀首曾联合五国伐秦，但被秦军击败后，这个合纵的联盟就瓦解了，与他针锋相对的张仪也曾任秦、魏的相国。正是在张仪巧舌如簧的游说下，秦国利用反间计破坏了楚齐的强强联手（此事件详见本书《8. 张仪》），张仪又谎称献地迷惑楚王，施展缓兵之计争取时间准备对楚作战。不久，秦将魏章在丹阳大败楚军，俘虏了楚将屈匄（一作屈丐），斩杀八万士兵，秦国又乘胜追击，攻占楚国汉中的六百里土地。楚王不甘心就此战败失地，又举全力攻秦，结果蓝田之战又败，被秦国占据了曲沃、商、於等地区。这样，秦国占据的关中、汉中、巴蜀之地连成一片，对东方诸侯尤其是楚国形成了巨大威胁，而楚国从此一蹶不振，被秦国牢牢压制。

秦楚丹阳、蓝田大战前，秦惠文王已经取得了巴蜀之地。当时，张仪和另一位大臣司马错（司马迁的先祖）就攻韩还是攻蜀发生了分歧，惠文王听取了两人的分析，最后放弃了张仪所谓的"挟天子以令于天下"的主张，而采用了司马错的策略，先吞并容易对付的巴蜀，获取大量土地和财富，这为今后秦国的长期发展打下深厚的基础。通过这次争论，可以看到，虽然秦惠文王非常信任张仪，但并不全听全信，足见他博采众长，知人善任的特点。

武王绝膑　昭王长命

当秦军在蓝田大战后乘胜追击，继续在韩、楚等国攻城略地时，秦惠文王去世了，这位颇有作为的国君究竟为秦国留下了什么呢？如果说商鞅变法后，秦孝公留下了正在崛起的秦国，那么秦惠文王则加快了秦国崛起的速度，他扩充的国土使秦国具备了长期富强的资源条件，他确立了连横这一正确的外交策略。如果说秦孝公打下了秦国崛起的地基，那么秦惠文王则绘制了秦国称霸的蓝图，甚至统一天下也逐渐成为可能。

秦惠文王留下的宝贵遗产中，还有重要的一项——人才。参加秦楚大战的除了魏章，还有樗里子和甘茂，他们后来成为新秦王的左右相，继续着先王未竟的事业（两人故事详见本书《9. 樗里子、甘茂》）。而更为重要的人才，则是他的两个儿子：秦武王嬴荡和秦昭襄王嬴稷。

秦惠文王去世后，儿子嬴荡继位，即秦武王。秦武王很有抱负，即位后在各方面都维持了秦国发展的势头，他创设左、右丞相，并派左丞相甘茂大破韩军，攻下宜阳，打通了去往周室的通道，修筑了武遂城，为今后秦军出函谷关提供了保障。秦武王英明神武，天生神力，喜欢和力士们比赛。万万没料到，秦武王在举鼎时不慎绝膑（弄断了膝盖），不久伤重而亡，与他比赛举鼎的大力士孟说因此被族灭。

秦武王在位仅仅四年，死时才二十三岁，连子嗣都没有。秦武王死后，他同父异母的弟弟，也就是秦惠文王的另一个儿子嬴稷继位，这就是秦昭襄王。秦昭襄王在位达五十六年，活了七十五岁，他不但长寿，而且也具备卓越的才能。他在位期间运筹帷幄，远交近攻，不断削弱六国，确立了秦国统一天下的大势，而继承这一事业的主要是他的曾孙嬴政（秦昭襄王的儿子、孙子在位时间总共仅四年），也就是完成统一大业的秦始皇。

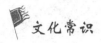 **文化常识**

诅楚文——秦王的诅咒

秦楚在丹阳、蓝田的连续大战，是关系到两国国运的重要战事。在大战之前，谁也没有必胜的把握，谁都不知道鹿死谁手，双方都是拼尽全力，奋力一搏。秦惠文王一方面调兵遣将，积蓄力量；另一方面派出张仪，用欺诈手段离间齐楚关系，孤立楚国并拖延时间。除此之外，大战之前，他也许还做了另一项重要的准备工作——诅咒楚王。这要从一千多年后被发现的"诅楚文"石碑说起。

北宋时期，人们在不同的地方发现了三块刻有诅咒楚王文字的石碑，人们将这些文字称为"诅楚文"。这些石碑出现后，欧阳修等当时的学者经过分析考据，认为诅楚文是战国时期秦楚两国大战时，秦王在战前向神灵诅咒楚王的文字，但究竟是哪位秦王，学者们却莫衷一是。又过了一千多年，郭沫若、杨宽等现代学者专家进一步研究后认为，这位秦王就是秦惠文王，而这场战役也就是秦楚在丹阳爆发的争夺商、於地区的大战。

在诅楚文中，秦王以恭敬的言辞，向神灵告发楚王背信弃义、暴虐无道的行为，控诉楚王将要侵略秦国、祸害百姓，因而秦王决心奋起自救，并将这些文字刻为石章，随同玉璧等物品献给神灵，希望神灵帮助自己"克剂楚师"，也就是打败楚军。虽然"诅楚文"在史书上没有相关记载，但向天地盟誓、向神祇乞求保佑的行为，在历代普遍存在。因此，通过诅楚文，能够体会到秦惠文王在战前的不安，了解到秦国在崛起的进程中，每一战都是如履薄冰。当然，这些都是基于目前的一些观点，而围绕诅楚文的研究仍在继续，对此感兴趣的读者可以进一步地阅读相关书籍加以了解。

值得一提的是，当诅楚文石碑在宋代被发现后，刚考取功名的苏东坡正巧任凤翔签判，他闲暇时在当地四处寻访名胜古迹，写有《凤翔八观》系列诗文，其中一首就是他去当地开元寺观看一块诅楚文石碑后的感想。不过，苏轼可不像他的老师欧阳修那样对诅楚文潜心研究，他读了刻在石头上的这些文字，只在诗中发出了"辽哉千载后，发我一笑粲"的沧海一声笑，对他来说，这石碑上记录的一千多年前的尔虞我诈不过是过眼云烟罢了。

原文选读

《史记·秦本纪》选段

孝公卒，子惠文君立。是岁①，诛卫鞅。鞅之初为秦施法，法不行，太子犯禁②。鞅曰："法之不行，自于③贵戚。君必欲行法，先于太子。太子不可黥④，黥其傅师。"于是法大用⑤，秦人治⑥。及孝公卒，太子立，宗室多怨鞅，鞅亡⑦，因以为反⑧，而卒车裂以徇⑨秦国。

注解

①是岁：这一年。②犯禁：违反禁令。③自于：出自，来自。④黥：黥刑，在犯人脸上刺字的刑罚。⑤法大用：法令被很快推行下去。⑥秦人治：秦国人被治理得很好。⑦亡：逃亡，逃走。⑧反：谋反。⑨徇：示众。

8. 张 仪

张仪、苏秦是《史记》中纵横家的代表人物，两人分别列传，《苏秦列传》在《张仪列传》之前，但现在的学者研究发现苏秦、张仪的故事中存在很多史实上的错误，比如苏秦的时代其实比张仪晚二十年左右，而且两人并非同窗。司马迁编撰《史记》时，战国时期的资料并不丰富，而且包含了不少错误的信息，因而造成了书中出现一些与史实矛盾的地方。本书中，按照历史事件的时间顺序，先讲述张仪的故事，而故事中涉及苏秦的情节，则予以保留，因为太史公选入《史记》的故事都是很精彩的。

楚国受辱　舌头尚存

张仪是魏国人，他和苏秦曾在鬼谷先生门下学习游说之术。

张仪学成之后去了楚国发展。有一回，他陪同楚国丞相喝酒，楚相发现自己携带的一块玉璧找不着了，门客们怀疑是张仪把玉璧偷走了。有门客说："张仪这家伙，人又穷，品行又差，肯定是他偷走了丞相的玉璧。"大家找到张仪，不由分说把他摁在地上拷打，要他老实交代，张仪被打得嗷嗷直叫，可就是咬定自己没偷。众人没办法，只好把他放了。

张仪回家趴在席上呻吟，妻子又心疼又怨恨地说："看你读了这么多书有什么用，如果不出去游说，就不会被人这样羞辱了。"张仪听了，猛地撑起身子，指着嘴巴问妻子："你帮我看看，我的舌头还在吗？"妻子又好气又好笑地回答："在！在！你的舌头还好端端的呢。""那就好，只要舌头在就足够了。"张仪说完，继续揉着伤口哼哼着。

暗助老友　秦国为相

那时候，苏秦也在六国推行合纵抗秦的策略，但他害怕秦国先发起进攻，导致合纵失败，所以想要找一个自己信得过的人去秦国，恰巧张仪这时找上门来投靠他。苏秦一直觉得张仪的才干在自己之上，只是还没遇上好的机会，他怕张仪贪图蝇头小利，所以故意刁难他。苏秦傲慢地让张仪在堂下等着，又用仆人的饭菜招待他，最后还说了许多难听的话把张仪打发走。张仪被老同学羞辱了一番，心里充满了怨恨，他计划跟苏秦对着干，既然苏秦在组织合纵抗秦，那他就去支持秦国。

可是，张仪一没有关系，二没有金钱，去秦国找机会谈何容易。这天，张仪在投宿的客栈里遇到一位贵人，这人与张仪一见如故，十分投缘，听了张仪的抱负和苦恼，他二话没说就答应助张仪一臂之力。张仪不由得感谢老天，自己终于否极泰来了。到了秦国，那位贵人果然大力资助了张仪，送钱送物，帮张仪打点关系，让他见到了秦惠文王。秦王很赏识他，将他留了下来。眼看着张仪将被秦王重用，那位贵人却前来告辞，张仪挽留他说："我刚开始显赫，还没报答先生的恩情，您怎么就要走呢？"那位贵人说："对先生有知遇之恩的不是我，而是您的老朋友苏秦，我只是他的门客，我所做的一切都是他嘱咐我的，他知道您有能力和志向，肯定能在秦国有所作为，所以派我来帮助您。"张仪恍然大悟道："哎呀，这权谋之术是我们当年学习的内容，我居然现在才意识到，我真不如苏秦啊。"

张仪在秦国做了高官后，写了封信给楚相，威胁他说："你当年冤枉我偷你的玉璧，这回你可要好好看管你的国家，因为我就要来偷它的城池了。"事实证明，张仪说到做到，他后来果然让楚国损失了很多城邑和土地。

张仪被秦王任用后，先对魏国展开了外交攻势。他把秦军夺取的土地还给魏国，还送秦国公子去魏国做人质，同时又对魏王软硬兼施，在他的斡旋下，魏王把上郡的所有土地和少梁城都献给了秦国。由此，张仪的策略获得了秦惠文王的充分认可，他任命张仪为相国。从此以后，张仪在列国间不断展开游说，目的都是为秦国开展连横策略。而其中最能体现张仪外交手段的，是他对楚怀王的戏弄欺诈，予取予求。

为秦欺楚　予取予求

当时，秦、齐、楚是天下最强的三个国家，而齐国与楚国的结盟令秦王如坐针毡。在这样的情况下，秦王派张仪前往楚国，目的是破坏齐楚的联盟。楚怀王知道张仪的大名，对他以礼相待。张仪告诉楚怀王说，秦王憎恨齐王，想和楚国修好，所以如果楚国和齐国断绝结盟关系，秦国甘愿献上商、於的六百里土地，并与楚国联姻，成为兄弟之国，这样楚国北面削弱了齐国，西面结交了秦国，还获得商、於之地，何乐不为？楚怀王很高兴地答应了。群臣知道后纷纷前来祝贺，只有陈轸表示忧虑，他对楚王说："秦国之所以来讨好我们，是因为我们和齐国结盟了，万一献地是骗我们的，我们跟齐国一绝交，楚国就孤立了，到时候秦国和齐国都进攻我们怎么办？稳妥点的话，还是先假装已经和齐国断绝了关系，派人跟着张仪去取地，拿到手后再与齐国绝交也不迟啊！万一拿不到手，我们和齐国仍然是同盟，这样也没有损失。"楚怀王却认为陈轸是在泼凉水，让他闭嘴。于是，楚国果真断绝了和齐国的结盟，楚怀王还大大地赏赐了张仪，封他为楚相，并派了一位使臣跟着张仪去秦国取地。

张仪一回到秦国，就假装从马车上摔下来受伤了，三个月没上朝。楚怀王等的焦急，以为秦国是在怀疑楚国并没有与齐国绝交，于是他又特意派了使者去齐国大骂齐王，齐王一气之下，反而与秦国建立了邦交。这时，张仪的"伤"好了，终于上朝了，他对楚国使臣说："秦王所赐的六里地，把它给你们大王吧。"使者纳闷了："我们大王让我来接受六百里地，怎么变成六里了呢？"使者怏怏而回。楚怀王得知张仪戏弄他，勃然大怒，准备发兵夺取土地。这时，陈轸又来劝他说："大王，如今到了这一步，您不如献点地给秦国，与他结盟一起进攻齐国，这样可以从齐国夺取土地，作为在秦国损失的补偿。"楚怀王哪里肯听，执意调动大军讨伐秦国，结果楚国在丹阳大败给秦军，被斩首八万，不但没能夺得土地，反而丧失了丹阳、汉中等地。楚怀王仍不甘心，他拼尽全力增兵再战，却又在蓝田败给了秦军，楚国元气大伤。

过了一段时间，为了缓和秦楚关系，秦王准备用武关外的土地去交换楚国的黔中地，楚怀王却说："我不要交换土地，我只要张仪，如果你们把张仪交给我，我甘愿把黔中地送给你们。"这下，秦王倒有点难办了，他想派张仪去楚国，但又开不了口。张仪主动找到秦王，要求派自己去楚国，他说："大王请放心，我和楚国大夫靳尚关系很好，靳尚和楚王的夫人郑袖说得上话，而郑袖的话楚王句句听从。况且秦国强，楚国弱，我是大王您派去的使臣，楚王不敢对我怎么样，就算楚王真的把微臣给杀了，拿我的命换得楚国的黔中地，微臣求之不得。"就这样，张仪被派往楚国，楚王立刻把他关了起来，准备处死他。但是，张仪最终并没有被杀死，通过靳尚的帮助，又经过郑袖的劝说，楚怀王果然把张仪释放了。但楚怀王不想兑现献出黔中地的承诺，于是张仪又趁机游说楚怀王与秦国结盟，互相联姻，并把太子送去秦国为质，楚怀王居然都一一听从。张仪就这样有惊无险地离开了楚国，但不久之后秦惠文王去世，继位的秦武王并不喜欢张仪，张仪无奈离开了秦国，他最后病死在了魏国。

张仪、苏秦这样的纵横家，都凭着自己的三寸不烂之舌，在各国之间肆意纵横，翻手为云，覆手为雨，他们为自己博取名利，却往往令一些国家陷入倾覆的危机之中。因此司马迁评论张仪、苏秦时说"此两人真倾危之士哉！"

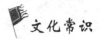

文化常识

什么是玉璧?

张仪曾因为一块玉璧，差点被楚相的手下打死，因而他在得势后还警告楚相说，当年没偷你的玉璧，现在我要来夺你的城邑了。张仪对楚国的仇恨真的是因为一块玉璧吗？不管原因如何，看来玉璧是一件非常珍贵的东西，我们就来了解一些关于玉的知识吧。

我国古人很早就对玉情有独钟，早在7 000年前的史前时代，玉就已经出现在古人的生活中。考古发现，在良渚文明、红山文明等许多史前文明中，古人将这些美丽的石头打磨成各种形状，既有项链之类用于打扮自己的饰物，也有玉琮、玉钺等用于祭祀的神器。周礼将玉器的使用严格规范成一系列礼仪制度，在参加祭祀、朝会等礼仪场合时，天子、诸侯、卿所执的玉器各不相同，以此象征不同的身份等级。同时，在祭祀天地和四方神灵时，所用的礼玉也各不相同，通常说礼玉中的六器，主要是指璧、琮、圭、璋、琥、璜六种玉器，形状各异。

到了春秋战国时期，儒家将君子的德行融于玉中，当时的雕刻技术也有了长足发展，因此贵族都将精美的玉器佩戴在身上，象征着自己不仅具有尊贵的身份，而且具备了玉所拥有的德行，玉也由此逐渐成为古代贵族和官员必佩的物件。正因为我国古代有君子佩玉的传统，因而后世在祝贺亲朋家里生了儿子时，称为"弄璋之喜"。璋是一种美玉，"弄璋之喜"的词义是男孩把玩美玉，其中包含了祝福男孩以后具有玉的美德并能做官成才的寓意。同样，祝福人家生了女孩被称为"弄瓦之庆"，瓦并不是玉器，也不是屋顶的瓦片，而是古代妇女纺织用的一种器具，古人用这个词，含有预祝女孩长大后能干、贤惠的意思。

本故事中楚相所佩戴的璧，是最为古老的玉器之一，这是一种扁圆形正中带孔的玉器。中央的孔被称为"好"，周围一圈玉边被称为"肉"，如果孔的直径小于玉边的宽度，也就是好小于肉，被称为"璧"，如果好大于肉，则被称为"环"，如果好与肉相同，则被称为"瑗"。名称虽然不同，但这三种都是中央带孔的圆形美玉。

中国人如此喜欢玉，无论古今，很多人的名字中都含有玉，比如唐代有名的杨贵妃名为"玉环"，又比如大学者钱钟书与杨绛夫妇的女儿名为钱瑗……还有我们熟悉的三国时代的人如周瑜、诸葛瑾、蒋琬、刘璋等，这些名字中带王字旁的字大多有美玉的含义，这是因为"玉"字在古代与"王"字非常相似，后来为了加以区分，才慢慢演化为在"王"中加一点的字形。现在，想想你熟悉的朋友名字中，有这样的美玉吗？

 原文选读

《史记·张仪列传》选段

臣闻之，积羽沉舟[①]，群轻折轴[②]，众口铄金[③]，积毁销骨[④]，故愿大王审定计议[⑤]，且赐骸骨[⑥]辟[⑦]魏。

注解

① 积羽沉舟：指很轻的羽毛积累多了也能让船不负重荷而沉没。
② 群轻折轴：指分量很轻的东西积累多了也能压断车轴。③ 众口铄金：说的人多了，就能把金石一样坚固的事实熔化。④ 积毁销骨：积累的毁谤多了，就能把骨头一样坚硬的真理毁灭。⑤ 审定计议：指审慎地拟定策略。⑥ 赐骸骨：古人请求卸官辞职的委婉说法。⑦ 辟：离开。

9. 樗里子、甘茂

樗里子和甘茂同为秦国三朝元老，先后侍奉秦惠文王、秦武王、秦昭襄王。两人功绩相似，官职相当，但境遇不同，结局更是迥异。其中既有个性的原因，也反映了战国时代世家贵族与布衣卿相之间仍然存在区别。司马迁为两人编写了合传《樗里子甘茂列传》，从中或可一窥究竟。

号称"智囊"的王族

樗里子，即嬴疾，因为居住在渭河南岸的樗里，因此民间俗称其为樗里子。他是秦惠文王同父异母的弟弟，秦惠文王时因为军功卓著而受封，秦武王时任右丞相，秦昭襄王时他的地位更加显赫。因为樗里子非常有智慧，因而被秦人称之为"智囊"。

秦惠文王时，樗里子率领秦军屡立战功，夺取魏国的重镇曲沃，俘虏赵国大将庄豹，其中最著名的一战就是秦楚丹阳之战。丹阳之战中，秦国派樗里子、魏章、甘茂兵分三路，樗里子的军队先是配合魏章击败楚军主力，斩首敌军八万，接着樗里子率军继续东进，帮助同盟的韩军战胜楚将景翠，又马不停蹄驰援魏国退敌。因为在这场关键战役中的卓越表现，嬴疾受封严道，因而号称严君。

秦武王继位后，任命甘茂与樗里子为左、右相。甘茂攻下韩国的宜阳后，秦武王派樗里子带领百辆战车前往周，周天子用盛大的礼仪欢迎他。然而没过多久，秦武王举鼎绝膑而死。秦武王的弟弟嬴稷继位，即秦昭襄王，他对叔父樗里子也很敬重。

秦昭襄王七年，樗里子去世。他身前为自己选好了墓地，还预言说，一百年后天子的宫殿将夹着自己的墓地。汉朝兴起后，在这里建筑宫殿，长乐宫和未央宫果然分别在樗里子墓地的东西两边，后人因而都称赞樗里子"智囊"的称号名不虚传。

羁旅之臣

甘茂是下蔡人，曾学百家之术，后来由张仪、樗里子引荐给了秦惠文王，得到赏识和重用。在秦楚丹阳大战时，甘茂与魏章一起率军夺得了楚国的汉中之地，居功至伟。

秦武王继位后，张仪、魏章等老臣不受重用，先后离开秦国。此时，被秦吞并不久的蜀地发生叛乱，甘茂奉命平叛成功，被秦武王封为左丞相。甘茂权高位重，深受秦王的信赖。有一天秦王召见他说："寡人有一个愿望，想坐在挂着帷幔的车里，通过三川之地，去看一看周都，这样寡人就死而无憾了。"甘茂心领神会，他即刻前往魏国，说服魏王助秦攻韩，得到魏国的许诺后，甘茂又派向寿先行回国禀报秦王，请求秦王暂不攻韩。秦武王不知道甘茂是什么意思，于是当甘茂回国时，秦王亲自在息壤这个地方迎接甘茂，想听听他的解释。甘茂对秦王说："打通三川之地，必须攻下韩国宜阳，宜阳虽说只是个县，其实是个郡，储备丰富，可以支撑很久，我们劳师进攻，并非轻易就能攻下，估计这场仗会旷日持久，还会消耗很多。从前，鲁国有个和曾参（孔子的弟子，以孝行著称）同名的人杀了人，有人跑去跟曾参的母亲说'曾参杀人了'，曾母正在织布，泰然自若不为所动；后来又有一个人跑去告诉曾母曾参杀了人，曾母继续织布，神情不变；当第三个人跑来对曾母说他儿子杀人时，曾母丢下织布的梭子，就翻墙逃走了。大王您看，像曾参这样的贤者，像母子这样亲密的关系，都经不起别人反复的诋毁，而我只是个羁旅之臣（寄居在外的大臣），所以我担心一旦战事拖延，如果大王不再信任我，到时候朝中的大臣又在大王这儿说三道四，我恐怕还未获胜就前功尽弃了。"秦武王觉得甘茂的话很有道理，于是秦王就在息壤与甘茂盟誓，表示不会听信他人诋毁甘茂的话，请他放心出征。

果然，甘茂攻打宜阳整整五个月还没攻下，朝中议论纷纷，很多人诋毁甘茂，秦武王于是命令甘茂撤军，甘茂派人回复秦王说："大王，息壤还在那里呀。"秦武王记起当初和甘茂在息壤的盟誓，于是他狠下决心，增发秦军。在秦王的全力支持下，甘茂成功攻破宜阳，斩敌六万，打通了去往周都的三川之地，达成了秦武王的心愿。

秦昭襄王继位后，重用向寿，因为向寿是秦王母亲宣太后的娘家人，又与秦王一起长大，关系密切。甘茂此时虽然仍在朝中为臣，但在激烈的权力斗争中，被公孙奭、向寿等排挤，逐渐失去了秦王的信任，不得不逃离秦国。甘茂的贤能名扬天下，又熟知秦国的情况，他先后被齐、楚所用，秦王也曾想把他召回去，并善待留在秦国的甘茂家人，但甘茂此后还是没能回到秦国，最终在魏国去世。

布衣卿相的结局

樗里子、甘茂都是秦国三朝元老，然而王族的樗里子终老于秦国，而客卿甘茂却辗转各国，与亲人天各一方。两人的结局如此迥异，难道只是个性使然与际遇不同吗？

甘茂曾向秦王解释自己的担心，称自己为羁旅之臣，像他这样的臣子一旦失去了国君的信任就失去了一切。甘茂为此提到了张仪的遭遇，张仪为秦惠文王立下汗马功劳，但世间传颂的只是秦王的功业，虽然甘茂并没有提起秦武王弃用了张仪，但甘茂与张仪同朝为臣，张仪的结局他看得很清楚；甘茂还举了乐羊的例子，当年魏文侯命乐羊为将，三年攻灭了中山国，乐羊一时功高震主，论功行赏时，魏文侯拿出一个箱子，箱子里装满了告发乐羊的谏言，乐羊吓得长跪不起，赶紧向魏文侯谢罪，表示自己并没有什么功劳，全是凭借国君的威望。

张仪、乐羊、商鞅等都是庶民出身的所谓布衣卿相，这是战国时期新出现的潮流。国君所倚重的大量人才，不再像春秋时晋国六卿、齐国田氏那样来自世家贵族，而是凭借才能受到国君青睐的普通士人。这一现象也反映出在战国时期，国君的权力大大增加，包括将相的任免等军政权力全都集于一身。从樗里子和甘茂的经历也可以看到，一方面，秦国变法后，贵族阶层的权力被大大削弱，虽然樗里子出身秦国王族，但也只有依靠军功才能得到重用，樗里子能够善终，主要由于君王对他的重视，而不仅仅是贵族的身份；另一方面，像甘茂、张仪这样的布衣卿相，从个人境遇而言，虽能施展才能创立功业，但一旦失宠于国君，就会流离失所，大多结局惨淡，不过从士人这一群体而言，他们已然是战国舞台上最为活跃的角色。

 文化常识

相邦和丞相

甘茂和樗里子是秦武王任命的左、右丞相。丞相而分左、右，这在秦国没有先例。下面我们通过秦国历史上的几代名相，一起了解下关于"相"的知识。

战国时期，辅佐君王治理国家的首席官员称为相邦，三晋最早设立这一官职，其余国家后来都效仿置相，因而在《史记》中有苏秦合纵成功后，挂六国相印的说法，张仪也曾先后相秦、相魏、相楚。后来汉朝建立后，因为汉高祖刘邦名字中有"邦"，因而为了避讳称相邦为相国，其实两者是同一职位。战国七雄中，楚国与别国不同，没有设置相邦，楚国的百官之首被称为"令尹"，相当于相邦的职位，吴起、春申君等都担任过楚国的令尹。

秦孝公时秦国还未设立相邦，商鞅变法成功后获得了大良造的最高爵位，掌握着军政大权，他的地位和作用相当于后来的相邦。秦惠文王时秦国开始设相，秦国历史上，具有代表性的相邦有主张连横策略的张仪、短暂任相的孟尝君田文、主张远交近攻的范雎以及秦统一之前的吕不韦等。本故事中秦武王创造性地设置了左、右丞相的官职，丞相并不是相邦，而是辅佐相邦的官职，因此相邦地位高于丞相，一朝中应该既有相邦又有丞相。后来秦昭襄王继位后，樗里子便出任了相邦，而甘茂不久便离开秦国去了魏国。

秦国统一天下后，秦始皇设置了三公九卿的官职，其中相邦位列三公，仍然为百官之长。此后汉承袭秦制，虽名称改为相国，但仍设有相国和丞相的官职。后世的历朝历代官职设置有所不同，百姓常常把一人之下，万人之上的最高职位的臣子称之为丞相，比如东汉末年的曹操、三国蜀相诸葛亮、北宋的王安石等等。

 原文选读

《史记·樗里子甘茂列传》选段

昔曾参之处费①，鲁人有与曾参同姓名者杀人，人告其母曰"曾参杀人"，其母织自若②也。顷之③，一人又告之曰"曾参杀人"，其母尚织自若也。顷又一人告之曰"曾参杀人"，其母投杼④下机，逾墙而走。夫以曾参之贤与其母信之也，三人疑之，其母惧焉。今臣之贤不若⑤曾参，王之信⑥臣又不如曾参之母信著参也，疑臣者非特⑦三人，臣恐大王之投杼也。

注解

①处费：居住在费。费，城邑名。②自若：泰然自若，指淡定从容的样子。③顷之：一会儿，不久之后。④投杼：扔下织梭。杼，织布的梭子。⑤若：像……一样。⑥信：信任。⑦特：仅仅，只有。

10. 楚怀王

　　楚怀王熊槐，是楚威王的儿子，他继位的那年，张仪被任命为秦国相邦，不曾想张仪居然成了他大半生的苦手。在楚怀王的统治生涯中，始终纠缠在对秦国的关系中，时而是死敌，时而是盟友。秦楚关系是战国时期各国合纵连横的重要组成部分，我们通过《楚世家》《张仪列传》及《屈原贾生列传》一起了解楚怀王的故事。

被欺骗的王

　　楚怀王的曾祖父是支持吴起变法的楚悼王，可惜变法还未完成，楚悼王就去世了。变法虽不彻底，但楚国疆域广阔，军队众多，资源丰富，当楚怀王继位时，楚国仍是当时最强的国家之一，与齐、秦基本形成了三足鼎立之势。

　　楚怀王在位期间先后遇上了三位秦王：秦惠文王、秦武王、秦昭襄王。秦惠文王时，六国曾组织了合纵伐秦的行动，楚怀王被推为纵约长，即联军的统帅，可惜这次合纵伐秦失败了。秦相张仪趁机游说齐、楚等国，展开连横策略，合纵联盟因而分崩离析。张仪不仅谎称献地欺诈楚怀王，成功破坏了齐楚联盟，而且假装受伤施以缓兵之计。楚怀王一怒之下，连续发动了对秦国的两次大战，可惜秦军已经做了充分的准备，楚军在丹阳、蓝田大战中接连惨败，损兵折将，元气大伤。

几年后，秦国与楚国关系缓和，秦王提出与楚国交换部分土地，但楚怀王意气用事，只要张仪不要土地。张仪果真来到楚国，虽然被关押，但他通过靳尚、郑袖的关系又全身而退，并成功说服楚怀王与秦国联姻。这一年，秦惠文王去世，张仪也离开了秦国（张仪相关故事详见本书《8.张仪》）。

被合攻的国

楚怀王并不是一位昏悖的君王，虽然在与秦国的战争中接连失败，但在与周边小国的战争中，楚国却多次获胜，弥补了一些损失。当秦武王突然死亡后，秦国内部陷入了短暂的争夺王位的斗争，楚怀王看准时机，发兵灭了越国，使得楚国增加了大片的土地，并得以短暂的休养生息。

这时，齐国想要合纵伐秦，齐王写信争取楚国的结盟，楚怀王和大臣们举棋不定，既不想拒绝齐国，又不想得罪秦国。当时秦昭襄王已经继位，由于他的母亲出身楚国，秦楚关系逐渐向好，楚怀王同意与齐国结盟后，又很快背弃齐国，与秦国结盟。两国君王在黄棘会盟后，秦国还给了楚国部分失地。另一边，齐国对楚国的背信弃义非常愤怒，联合韩、魏两国合攻楚国，楚国不得已将太子熊横送到秦做人质，换来了秦国的援助，三国这才罢兵。

然而好景不长，太子熊横在秦国私斗，打死了一位秦国大夫，并偷偷逃回国，秦国因此记恨楚国，两国关系又出现了裂痕。第二年，秦、齐、魏、韩四国组成联军合攻楚国，重挫楚军，杀死楚国将军唐眛，攻取了楚国一些城邑后才离开。仅仅过了一年，秦军又对楚国发动攻击，杀死两万士兵。楚国就这样被齐、秦轮番攻击，两面受敌，再加上楚国内部又发生了叛乱，在内忧外患中，楚怀王又把太子熊横送去齐国做人质，以求得与齐国的和解。

被囚禁的父

一年后，秦军再次对楚国发动进攻，攻下了八座城邑。秦昭襄王写信给楚怀王，说要恢复秦楚之间的同盟关系，希望楚怀王来武关与他会面。楚怀王又一次举棋不定，去赴约吧，害怕这是个骗局，不去赴约吧，又害怕得罪了秦王。屈原、昭雎等大臣都反对楚怀王前往，认为秦国虎狼之国，不讲信义。但是楚怀王的小儿子子兰建议他不应该拒绝秦王的好意。最后，楚怀王还是前往武关赴约。然而，这果真就是秦国设下的陷阱。一到武关，秦军就切断了楚人的后路，将怀王劫持到秦国都城咸阳。秦王傲慢地召见楚王，不把他当作君王平等对待。更令楚王气愤的是，秦王要求楚国交出巫郡和黔中郡的土地，才肯放他走。楚怀王要求献地前和秦王盟誓，但秦王却坚持先拿到土地。这回，楚怀王再也不相信秦王的话了，他决心宁死也不献地给秦国。

楚王被扣，楚国上下乱作一团，因为此时楚王在秦，太子在齐,如果齐、秦联合攻楚,那么楚国将要面对亡国的险境。有人认为,应该先挑一位王子立为楚王,稳定民心,但是大臣昭雎反对这样做,他认为不可以违背君王的意志另立庶子为王。于是大臣们又派人前往齐国,谎称楚怀王已死,要迎太子回国继位。就这样齐国送回太子熊横归国继位,即楚顷襄王。

楚国另立了新君,秦王得知后勃然大怒,他要挟土地的计划破产了,秦王随即下令攻楚,又夺走了十五座城邑。第二年,秦国忙着和齐、魏、韩打仗,楚怀王伺机逃走了。他为了避开回楚国道路上的重重关卡,选择先去赵国,再绕道回楚国。赵国人不想得罪强大的秦国,于是拒绝接纳和保护楚怀王,不久楚怀王便在逃亡途中被秦军抓回了秦国。又过了一年,楚怀王在秦国病故了。

楚怀王死后,秦国把他的灵柩送回楚国。扣留在秦国三年之后,宁死不屈的楚怀王终于回来了,楚国的百姓扶老携幼,夹道迎接老王的灵柩,人人痛哭流涕,仿佛死了自己的亲人一样。从此,天下尽知秦国的不仁不义,秦楚也彻底断绝了关系。

 文化常识

历史上的两个楚怀王

本故事中的楚怀王熊槐,是楚威王的儿子,但在我国历史上还有另一位楚怀王,他是熊槐的后裔,名为熊心(《史记》中称他是熊槐的孙子)。为什么熊心也被称为楚怀王?

这与本故事中的楚怀王也有关系。

秦统一天下后，仅仅过了十五年便灭亡了。首先举起反秦大旗的是陈胜、吴广，他们起义后建立的政权称为"张楚"，意思是张大、扩大楚国。为什么他们举起了楚国的大旗呢？一方面由于起义发生于楚地，为了吸引当地楚人加入起义军，以张楚为旗帜更具有号召力；另一方面是由于楚国在秦国的统一过程中表现最为顽强，楚将项燕曾击败李信率领的秦军，最后秦王不得不派老将王翦率领六十万大军才得以灭楚。因而，六国中楚国不仅最为强大，而且对秦国的仇恨也最大，起义军以楚国为旗帜的原因也正在此。

陈胜吴广起义后，各路反秦势力风起云涌，其中就有楚将项燕的子孙项梁、项羽。《史记·项羽本纪》中谋士范增对项梁说"夫秦灭六国，楚最无罪，自怀王入秦不返，楚人怜之至今，故楚南公曰'楚虽三户，亡秦必楚'也。"，可见，虽然当时楚怀王已经死了快九十年了，但楚国百姓依然对他的死耿耿于怀，因而范增建议项梁扶立楚王的后人，以此团结楚地的反抗力量。项梁于是找到了在民间牧羊的楚怀王的后人熊心，将他立为楚王，也被人称为楚怀王。后来项梁战死，项羽继承了他的权力，统帅天下诸侯推翻了秦的统治。项羽于是自立为西楚霸王，他尊楚王为义帝，但不久便派人弑杀了他。

《史记》中记录的"楚虽三户，亡秦必楚"这句话，表达了楚人坚定的复仇决心和爱国精神（一般认为，"三户"并不是指楚国只剩下三户人家，而是指楚国王族的屈、景、昭三大氏族），最终秦被以楚军为主力的联军推翻，也让

"亡秦必楚"这句话变为了现实。值得一提的是，在巨鹿一战中，项羽全歼了秦将王离率领的秦军，王离就是当年灭楚的秦将王翦之孙，而项羽恰恰就是被王翦击败后自杀的楚将项燕之孙。秦楚主将的孙子，竟然隔了十几年后又在战场厮杀，只是结果完全不同，而对于项羽来说，无论是为国，还是为家，这都是一场复仇之战。

 原文选读

《史记·楚世家》选段

楚怀王见秦王书①，患之。欲往，恐见欺②；无往，恐秦怒。昭雎曰："王毋行，而发兵自守耳。秦虎狼，不可信，有并诸侯之心。"怀王子子兰劝王行，曰："奈何③绝秦之欢心？"于是往会④秦昭王。昭王诈令一将军伏兵武关，号为秦王。楚王至，则闭武关，遂与⑤西至咸阳，朝章台，如蕃臣，不与亢礼⑥。楚怀王大怒，悔不用昭子⑦言。

🌀 **注解**

①书：书信。②见欺：被欺骗。③奈何：为什么，怎么。④往会：前往会见，去与……见面。⑤与：和……一起，此指劫持了楚怀王一起。⑥亢礼：指彼此平等的礼节。⑦昭子：指昭雎。

11. 屈　原

　　屈原是中国历史上的著名爱国诗人，他见证了楚怀王被欺和楚国遭受的失败，他怀着炽热的爱国之情却不被当权者所接纳，满腔的悲愤化作《离骚》《天问》这些千古流传的优美诗篇。屈原的故事被司马迁记录在《楚世家》《屈原贾生列传》等篇中。

怨生作《离骚》

　　屈原，芈姓屈氏，名平，字原，是与楚王同姓的宗室贵族。屈原受过良好的教育，博闻强记，见多识广，善于辞令，深得楚怀王的信任。楚王常与他商议国事，任命他拟定法令，或出使各国。

　　有一位上官大夫，与屈原同朝为臣，但很嫉妒屈原的才能。有一回，楚王让屈原制定法令，法令的草稿还没有写定，上官大夫就急着想要拿走，遭到屈原的拒绝。于是上官大夫就在楚王面前诋毁屈原："大王命屈原制定法令，这是众所周知的事情，但是每次有法令下达时，屈原就会自夸：'除了我，还有谁能制定出这样的法令？'"楚怀王听了很不高兴，慢慢开始疏远屈原。

屈原被小人的谗言所害，他对楚王的不辨是非也很痛心。在痛苦的沉思和忧虑中，屈原写成了《离骚》。"离骚"有"遭遇忧愁"的意思，屈原在诗中叙述了自己的遭遇，通过赞颂上古圣王的事迹以讽刺楚王，通过描写芳草等细微的事物来呼应自己的远大志向和高洁品行，表达了自己宁死不与朝廷佞臣同流合污的决心。诗歌语言优美，内容广博丰富，情感强烈，充分体现了屈原在"信而见疑，忠而被谤"的遭遇之下，忧愤难平的心境，正如太史公所言，"屈平之作《离骚》，盖自怨生也"。

被谤遭放逐

楚怀王被扣留在秦国时，楚国人拥立太子继位，也就是楚顷襄王，他任命自己的弟弟子兰为令尹。楚国人却都在怪罪子兰劝楚王赴秦遭难，屈原也对子兰怀有怨恨。

屈原此时也没有受到新楚王的重用，虽被放逐，但他仍然关心着国家的命运，寄希望于楚王醒悟并重新起用他。然而他想要报效国家的希望破灭了，楚国屡遭秦国侵犯，而楚顷襄王却仍然重用子兰、上官大夫等一群佞臣。屈原痛心于楚王被身边这些"忠者不忠，贤者不贤"的大臣所围绕，而自己却被疏远放逐，无法为治国理政献计献策，他只能通过创作诗歌来表达自己的悲愤之情。令尹子兰和上官大夫知道屈原怀恨他们，于是串通起来在楚王面前不断诋毁他，楚王下令将屈原放逐到更加荒凉偏僻的南方。

赴死作《怀沙》

屡遭放逐的屈原，披头散发地在江边的滩涂上吟诵着歌曲，脸色憔悴，形容枯槁。江边的渔父认出了他，惊讶地问："这难道不是三闾大夫吗，您怎会落得如此模样？"屈原回答道："举世混浊，而我独清，众人皆醉，而我独醒，所以才会落魄被逐。"渔父劝慰他说："据说圣人不会拘泥形势，而能够随机应变。既然举世混浊，您何不也随波逐流，既然众人皆醉，您何不也浅尝一口，为什么还秉持着高洁的品性，却落得被放逐的惨境呢？"屈原答道："我听说刚洗完头发的人，一定会将冠帽弹干净再戴上；刚洗完澡的人，一定会将衣服抖干净再穿上。可见人人都爱惜自己干净的身体，不愿意被污染蒙尘。我宁愿跳进这江流之中葬身鱼腹，也不想让这尘世的污秽玷污自己的清白。"

抱持着这样决绝的赴死之心，屈原又写了一篇叫作《怀沙》的诗歌。诗中屈原对那些卑鄙的掌权者进行了嘲讽，再次表达了自己不愿同流合污的坚定信念。在诗的结尾，屈原哀叹世上已没有伯乐，所以千里马无人能识别，道出了自己的内心凄凉和视死如归的决心。写完这首诗歌不久，屈原就抱着石头跳入汨罗江自沉了。

屈原自杀后，楚国的宋玉、唐勒、景差等人继承了屈原诗歌的风格，都凭借辞赋为人所知，但没有人敢于向楚王直谏。楚国日益衰落，最终被秦国所灭。但是，屈原的精神和优美的诗歌都被后世所传颂。

文化常识

屈原留下了什么？

提起屈原，我们会想到什么呢？也许有的人会想到端午节，也有的人会想到"路曼曼其修远兮，吾将上下而求索"的经典诗句。让我们一起了解一下屈原留给我们的宝贵遗产。

端午节是我国最为悠久的传统节日之一，与春节、清明节、中秋节并称为中国四大传统节日。2009年9月，联合国教科文组织正式批准将其列入《人类非物质文化遗产代表作名录》，端午节成为中国首个入选世界非遗的节日。

每年农历五月初五的端午节，我们依然保留着吃粽子、划龙舟等传统习俗。我们中国人从小知道屈原的名字，但大多数人并不是通过阅读《史记》获知，而是从关于端午节的传说中知道的：屈原五月五日沉江之后，百姓划着船，将米团扔进江中作为鱼虾的食物，以此保护屈原的遗体免受江中鱼虾的伤害。于是，民间慢慢演化出每年五月五日划龙舟和包粽子、吃粽子的习俗。学者们经过研究发现，其实端午节在屈原的年代之前就已经出现了，端午节的起源可能是古人们综合了原始信仰、祭祀、天象、历法等各种因素保留下来的传统，而并非为了纪念某个人物。古籍中首次将端午节的起源指向屈原，是在南北朝时期的神话志怪小说《续齐谐记》中，这时距屈原的时代已经过去了八百年左右的时间了。另外，关于端午节的起源，除了纪念屈原之外，在民间也流传着纪念伍子胥、曹娥等人物的说法，许多学者认为这些都是在漫长的历史演变中，后世人们创作和附会而成的传说，而在这些传说中，关于屈原的传说流传最为广泛。

相比于端午节的传说而言，屈原留下的优美诗句却是真实的。屈原是我国历史上第一位伟大的爱国诗人。屈原之前的时代，留存至今的主要文学作品是《诗经》，但是这三百多首诗大多是宫廷礼乐或民谣，而屈原是第一位真正的大诗人，是首位以文学作品闻名的作家。屈原以楚地民歌为基础，开创了楚辞这种诗歌体裁。西汉时期，刘向、刘歆父子将屈原、宋玉、贾谊等同类的诗歌作品辑录成名为《楚辞》的诗歌总集。因为楚辞以屈原的作品《离骚》为代表，因而后人又将这种诗歌体裁称为"骚体"，后人也常以《国风》指代《诗经》，以《离骚》代表《楚辞》，合称为"风骚"。

楚辞的诗句中常带有"兮"这个没有实际意义的语气助词，相当于现在我们说话时用的感叹词"啊"或"呵"，所以如果我们在念这类诗句时，试着用熟悉的感叹词替代"兮"，可能就更容易理解这些句子：比如屈原的"路曼曼其修远兮，吾将上下而求索"，比如西楚霸王的"时不利兮骓不逝"，又比如汉高祖的"大风起兮云飞扬"……这些有名的诗句都是楚歌！

当然，屈原留给我们的不仅有优美的诗句和动人的传说，司马迁的《史记》记录了屈原的不幸遭遇和壮烈事迹，《离骚》等诗歌中留下了屈原的痛苦叹息和不屈呐喊。通过他所做的事，透过他所作的歌，屈原更为我们留下了热烈的爱国精神和高洁的志士情操，他的爱国之情和赤子之心，在中华民族历史与文化中永远闪耀。

 原文选读

《史记·屈原贾生列传》选段

上官大夫与之同列，争宠而心害①其能②。怀王使屈原造为宪令③，屈平属④草稿未定。上官大夫见而欲夺之，屈平不与⑤，因谗之曰："王使屈平为令，众莫不知，每一令出，平伐⑥其功，以为'非我莫能为'也。"王怒而疏⑦屈平。

注解

①害：嫉妒。②能：才能。③宪令：法令。④属：撰写。⑤与：给，给与。⑥伐：自夸，炫耀。⑦疏：疏远。

"济西之战"字形：隶书，笔意取自东汉《衡方碑》。

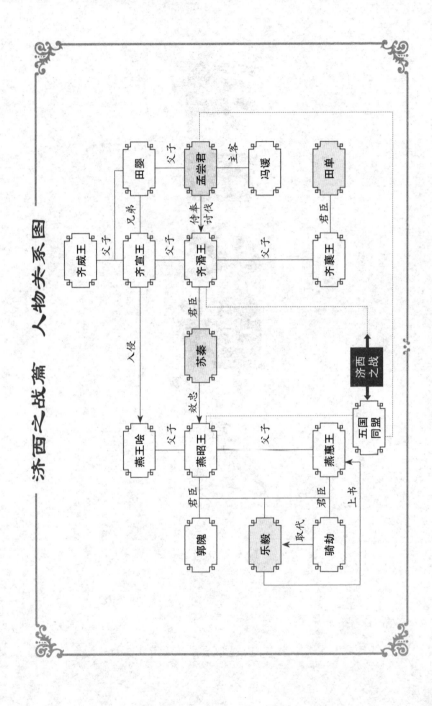

—— 济西之战篇 人物关系图 ——

12. 孟尝君

通过《史记》，人们知道了"战国四公子"：齐国孟尝君，赵国平原君，魏国信陵君，楚国春申君，秦国统一之前的一段时期也被称为"四公子时代"。其实相比于其他三位战国公子，孟尝君的时代要稍早一些，他曾两度出任齐相，组织了齐、魏、韩讨伐楚国的垂沙之战，他也主导过合纵攻秦，甚至打到函谷关，逼迫秦国割地求和。但是孟尝君虽出身齐国宗室，却并非终身效忠齐国，他长居封地薛地，又以魏相的身份参与五国伐齐，导致齐国几乎灭国。这是一个在《史记》中有丰富记录的人物，我们可从《孟尝君列传》及《田敬仲完世家》《楚世家》等篇目中看到他的身影。

薛地袭爵　门客数千

田文的父亲田婴是齐威王的儿子，他曾和田忌、孙膑一起在马陵之战中击败魏军，后来又担任了齐相，受封于薛地。

田婴有四十多个儿子，其中有一个地位低下的小妾在五月初五为他生了个儿子，这孩子就是田文，田婴嘱咐她不要抚养他。后来，母亲还是偷偷把田文抚养大了。田婴知道后很生气，对田文的母亲说："我让你别养大他，你怎么不听我的？"田文在一旁叩首问道："请问父亲，您为什么不想养大五月出生的孩子呢？"田婴回答说："五月出生的孩子，长到门楣那么高时就会对自己的父母不利。"田文听了，又恭敬地问道："请问父亲，人的命运是由上天决定的，还是由门楣决定的？"田婴沉默不语，田文继续说："如果人的命运是由上天决定的，那么父亲您的担心有什么用呢？如果人的命运是由门楣决定的，那么只要加高门楣就可以了，让人永远长不到那么高不就没事了？"田婴自知理亏，摆摆手道："你不要再说了！"

田文长大后，有一次问田婴："请问父亲，儿子的儿子叫什么？""孙子！"田婴回答。田文又问："那么孙子的孙子叫什么呢？""玄孙！"田文继续追问："那么玄孙的孙子又叫什么呢？""不知道！"田婴不耐烦了。这时田文恭敬地叩首道："父亲您是齐国三朝元老，您辅佐君王这么久，齐国的疆土没有扩大，但您家里的财富却增长很多，人说将相门里出将相，但您门下一个贤人都没有出现，您家族里的妻妾仆人个个锦衣玉食，而士人们却个个穷困潦倒，您积累这么多私产留给不知如何称呼的后代，却对日渐衰落的国运毫不关心，我心里感到挺纳闷的。"田文的话获得了父亲的肯定，之后田婴让他负责接待宾客的工作，从此田家的宾客越来越多，田文的名声也传遍各国。田婴死后，田文继承了封邑薛地，也就是孟尝君。

孟尝君在薛地广招宾客，即使是犯罪流亡的人前来依附，他都一律平等对待。孟尝君接待宾客时，屏风后面专门有人记录谈话内容，等宾客离开后，孟尝君就根据记录的地址信息，迅速派人送去礼物并问候宾客的家人。有一回，孟尝君招待宾客吃晚饭，侍从无意间遮住了光线，有一位宾客误以为自己的饭菜比别人差，生气得丢下食具，起身离开。孟尝君知道了，亲自端着自己的饭菜给那位宾客看，两人的饭菜完全一样。那位宾客羞愧极了，后来自刎而死。孟尝君的礼数如此周至，因而士人们纷纷前去投奔他，孟尝君来者不拒，对每一个人都以礼相待。

秦国脱险　鸡鸣狗盗

齐湣王继位时，孟尝君任齐相，在垂沙之战中打败楚国，威名远播，齐王因而对他有所顾忌。不久，在秦昭王的邀请下，孟尝君入秦为相，但没过多久秦王对孟尝君产生了怀疑，于是把他看管起来准备加害他。

孟尝君向秦王的宠姬求助，宠姬提出想要白狐毛大衣作为谢礼，孟尝君确实有一件天下无双的白狐大衣，但他早就把大衣进献给秦王了。怎么办呢？正当孟尝君一筹莫展时，有位平时不受重视的门客说他擅长偷盗，可以把大衣从秦王那里偷出来。当天晚上，这位门客乔装打扮一番，像条狗一样溜进王宫，成功偷回了大衣。宠姬得到大衣很开心，果真说动秦王释放了孟尝君。但是，秦王不久却又后悔了。

孟尝君一拿到通行令，立刻和门客连夜赶到了边界函谷关。然而，函谷关要等到天亮鸡鸣时才开门。此时天还没亮，而秦王的追兵正拼命赶来，情况十分紧急。这时候，有一位不起眼的门客走上前来，惟妙惟肖地学了几声鸡叫，附近的鸡一下子也跟着叫了起来，守关的士兵一听到鸡鸣，以为天就要亮了，于是打开了大门，孟尝君终于有惊无险地离开了秦国。

当初，孟尝君留下这两个人为门客时，别的客人都羞于与他们为伍，但这次从秦国虎口脱险，全赖此二人鸡鸣狗盗的本领，门客们从此也对他俩另眼相看。

孟尝君一行人离开秦国后途经赵国某地，当地的百姓听说天下闻名的薛公来了，都赶来一睹其风采。但是，出乎人们的意料，孟尝君长得十分矮小，很不起眼，于是有人笑着说："都以为薛公魁梧高大，相貌堂堂，原来是这么个矮小的丈夫啊！"这话正巧被孟尝君听到了，他顿时火冒三丈，随行的门客们眼见主人受辱生气，纷纷跳下车来砍杀那些民众，居然杀了好几百人后才驾车离开。

齐国为相　冯谖焚券

孟尝君回到齐国后，齐湣王任他为齐相。孟尝君的家臣魏子替他征收封地的赋税，去了三次都没能收上来，孟尝君很奇怪，魏子对他说自己把收到的钱粮都给了一个贤能的人。孟尝君很生气地把魏子斥退了。过了几年，齐国发生了田甲劫持齐湣王的事件，齐王听信谗言，怀疑孟尝君是幕后主使，因而罢了他的相位。有一个人给齐王上书，希望用自己的性命证明孟尝君是无辜的，他后来果真跑到王宫前自刎，这个人就是当初接受魏子钱粮的那位贤人。齐王之后也有点后悔，想重新请孟尝君回来，但孟尝君找借口回到了自己的封邑薛地。

孟尝君能安心回到薛地，其中有门客冯谖的功劳。冯谖当初穿着草鞋来投奔孟尝君，孟尝君把他安排在下等客舍，过了十天问舍长："新来的客人有什么动静？"舍长说那位客人穷得只有一把剑，他在剑柄上拴了根绳子，整天弹打着剑唱道："长剑啊，我们回去吧，这里吃饭没有鱼啊！"孟尝君听了后，吩咐以后给他加鱼。十天后，舍长汇报说，客人现在弹着剑唱："长剑啊，我们回去吧，这里出行没有车啊！"孟尝君又满足了他的要求。又过了十天，冯谖改唱："长剑啊，我们回去吧，待在这里没办法养家啊。"这回孟尝君生气不理他了，冯谖倒也不再说什么。

过了一段日子，孟尝君想要找一个门客去薛地收债款。原来孟尝君虽然有万户的封邑，但他食客三千，封邑的收入不够他养客，于是他就向百姓放高利贷，但百姓中很多人还不起利息，所以孟尝君很着急。有人推荐让冯谖去收债，于是冯谖前往薛地，收到了利息十万钱，他用这些钱买酒买肉，邀请所有借债的人都来参加宴会。正当酒酣之际，冯谖拿出债券和在场所有人一一合验，并和那些能够还利息的人约定了限期，而那些实在还不上利息的穷人，冯谖竟然当场把他们的债券都烧掉了。他对大家说："薛公借钱给你们，是想帮助大家渡过难关，他要我来收利息，是因为他养那么多门客的花费快不够了。现在有能力的人已经约定了期限还款，实在还不上的人债券也已经焚毁，债务一笔勾销。大家尽管吃好喝好，我们能有这么仁慈的主公，可千万不要辜负他啊！"
在场的人听了，都感动得连连拜谢。

冯谖焚券的事情被孟尝君知道了，他赶紧召冯谖回来，
气呼呼地问他是怎么回事。冯谖向他解释说："那些没能力还
债的人，您把他们逼急了，就会逃跑了事，到时候您背负了
不仁不义的名声，而百姓沦落到流离失所的下场，这对谁都
没有好处。倒不如烧掉那些没用的债券，清除掉无法兑现的
虚账，以此换取薛地的百姓民心，为您博得好名声，这不是
两全其美么。"孟尝君听后，欣然接受了冯谖的谏言。不久，
孟尝君被罢官，当他回到封地时，受到了当地民众的欢迎和
拥护，这正是冯谖焚券的效果。

孟尝君离开后，齐湣王曾用苏秦为相。齐国在不断地对
外战争中消耗巨大，但齐王沉浸在称帝、灭宋等丰功伟绩中。
孟尝君后来到了魏国为相，他和秦、赵、燕等国共同伐齐，
大破齐军，齐国从此走向衰弱。魏将乐毅更是深入齐境，攻
下齐都临淄，齐湣王在逃亡过程中遇害，齐国几近亡国。在
此期间，孟尝君只关心自己的薛地，对齐不施援手。等孟尝
君死后，薛地就被齐、魏两国共同攻灭了，孟尝君的子嗣从
此断绝。

司马迁在《孟尝君列传》的最后说，他曾经到过孟尝
君的薛地，发现当地有很多行为粗鲁的人，与附近邹、鲁
之地的儒雅之风截然不同。打听之下才知道，当初孟尝君
食客众多，那些作奸犯科的人也来投奔他，到薛地落脚的
有六万多家。孟尝君以好客自居并沾沾自喜，看来是名不
虚传啊。

文化常识

战国时的高利贷

在孟尝君的故事中，他派门客冯谖去薛地收息钱，他不仅能够管理薛地，而且能获得当地百姓的赋税，那他又为什么要放债收息呢？从中我们可以了解一些战国时期高利贷的情况。

《孟尝君列传》中说"孟尝君时相齐，封万户于薛。其食客三千人。邑入不足以奉客，使人出钱于薛。岁余不入，贷钱者多不能与其息，客奉将不给。"这句话说明了三个情况：首先，孟尝君当时的封邑薛地有民万户，食邑并不算小；其次，孟尝君食客三千人，养客的花销实在太多，因此封邑的租税不足以养客了，孟尝君于是派人"出钱于薛"，也就是放贷；第三，这一年薛地可能收成不好，百姓没有收入，所以很多借贷的人还不上利息，导致孟尝君收不上足够的息钱，养客就有些捉襟见肘了。正是在这样的情况下，孟尝君派冯谖去催收息钱。

从孟尝君的故事中，反映出战国时期，随着商业的发展、货币的流通，高利贷也随之兴起。像孟尝君这样拥有大片封邑的地主，不仅向百姓收取封邑上的租税，而且为了自己养客等私人用度，向急需用钱的农民发放高利贷，以此快速牟取暴利。在故事中我们可以看到冯谖最后"得息钱十万"，也就是催收到的息钱有十万之多。冯谖并不是拼命催逼百姓还债的苛刻之人，但他一次也能收到十万息钱，可见孟尝君的高利贷生意获利颇丰，一本万利。那还不上债的民众是什么后果呢？冯谖说"急，即以逃亡自捐之"，他们就只剩下逃亡一条路了，而离开自己耕种的土地，多半会流离失所，衣食无着，所以高利贷对农民来说是非常大的危害。

冯谖焚券的故事在《战国策》中记录得更加详细，即"焚券市义"的典故。冯谖向孟尝君解释焚券的目的是"市义"，也就是为主人孟尝君买来他缺少的"义"，市义的结果是以后孟尝君回到薛地时受到了民众的拥护。那么"焚券市义"中，所焚烧的券书又是怎么样的呢？是不是像我们现在的合同或写的借条呢？战国时期纸还未发明，因而当时的券书一般是竹木制的，将借据写在竹木上，一剖为二，债主和借债人各取一半，到还债时双方将券合在一起验证，所以冯谖故事中说借债人"皆持取钱之券书合之"。由此，我们知道冯谖所焚的券书一定都是竹木的，焚券时现场大概还会噼啪作响，非常热闹吧！

高利贷在古代不仅能使普通民众颠沛流离，甚至能让天子都陷入窘境。《汉书》中记载了这样一个故事，末代周天子周赧王为了合纵攻秦，曾向豪门富户借债筹措军费。不料，伐秦未果而军费早已耗尽，于是那些债主们都拿着周赧王写下的债券去王宫中催债。周赧王没钱，只能躲着不见他们，但债主们整天在宫门外吵闹催债，最后周赧王只能躲到宫中的一个高台上远离吵闹声，图个清静。这就是"债台高筑"这个成语的出处，而典故中这个躲债的"倒霉蛋"竟然就是号称天子的周赧王。果然是无论天子平民，无论古今中外，高利贷的危害都很大，大家切记一定要远离高利贷啊！

 原文选读

《史记·孟尝君列传》选段

孟尝君过赵，赵平原君客①之。赵人闻孟尝君贤，出②观之，皆笑曰："始以薛公为魁然③也，今视之，乃眇小④丈夫⑤耳。"孟尝君闻之，怒。客与俱者下⑥，斫击⑦杀数百人，遂灭一县以去。

注解

①客：接待，以……为客。②出：出来，出门。③魁然：高大魁梧的样子。④眇小：矮小。⑤丈夫：汉子，指成年男子。⑥下：跳下车。⑦斫击：砍杀，打击。

13. 苏 秦

说起战国时期的纵横家，人们都会提到苏秦、张仪，根据《史记》的记载，两人师出同门，苏秦主张合纵攻秦，张仪则采用连横策略，破坏合纵。司马迁采用了大量战国纵横家的资料编入《史记》，一方面记录了丰富的纵横家的言辞，另一方面也将一些存疑的史料录入其中，特别是关于苏秦的内容。历史上的苏秦曾任燕相、齐相等官职，但主要是为燕国效忠，并从事削弱齐国的间谍活动。我们通过《苏秦列传》《燕世家》《田敬仲完世家》几篇内容，一起了解有着神秘身份的苏秦。

合纵成功

苏秦是东周雒（luò）阳人，拜在鬼谷先生门下学习。苏秦在外游历了许多年后，身边的钱都用完了，但仍一事无成，他只能狼狈地回到了家。家人们看到他穷困潦倒的样子，都看不起他，还讽刺他说："我们周人的习俗，向来是努力治理产业，从事工商，赚取十分之二的利润。如今你抛弃本分，去从事口舌之利的营生，混成这样，还不是活该嘛。"苏秦听了很惭愧，于是把自己关在屋子里，翻出家里所有的藏书读了一遍，不禁暗自思忖："作为士人，既然选择了埋头读书这条路，却没有办法博取荣华富贵，看再多的书又有什么意义呢？"后来，苏秦翻到一本名为《阴符》的书，他日夜伏案苦读，不断揣摩研究，整整读了一年后，他感觉自己做好了准备，可以去游说当世的诸侯君王了。

苏秦想先去拜见周显王，但周显王身边的臣子们都看不起他，周显王也不在乎苏秦。之后，苏秦游说秦、赵也没成功。第一个被苏秦说服的国君是燕王。燕国地处北方，南邻齐国、西靠赵国，这两个强国时刻都对燕国产生威胁，燕王希望能用苏秦的合纵策略保太平。于是燕王任用苏秦为相，并资助他前往各国完成合纵策略，有了燕王的支持，苏秦也成功游说各国，完成了燕、赵、韩、魏、齐、楚的六国合纵，各国都推举苏秦为合纵盟约长，兼任六国国相，苏秦大名天下皆知，秦国也很长时间不敢对六国用兵。

前倨后恭

合纵成功后，苏秦的身份今非昔比。有一次，苏秦路过雒阳，顺道回家探望，他的随从人数众多，车队浩浩荡荡。周显王听说苏秦在回雒阳的路上，赶紧派人清理道路，派大臣赶到城外的郊野恭候迎接苏秦。

苏秦到家后，家里的兄弟、嫂子、弟媳等人毕恭毕敬地伺候他用餐，一个个伏在地上，不敢抬头正眼看他。苏秦看见他们的样子，不禁笑着问嫂子："你以前对我冷嘲热讽，傲慢无比，现在怎么这么恭敬顺从了呢？"嫂子听到苏秦问她，赶紧脸贴着地，匍匐上前向他请罪："因为现在小叔身份尊荣，地位显贵，富裕多金啊！"苏秦听了感叹道："我还是同样一个人，因为富贵，家人就畏惧我，因为贫贱，家人就看不起我，自己亲戚家人都如此，何况是别人呢？如果当初我真的从事本业，在雒阳城边拥有二顷良田，那我现在怎么可能身兼六国的相位啊！"之后，苏秦向自己的家人亲友们赠送了很多钱财。

当初，苏秦在燕国四处活动时，问人借了一百钱，等他富贵后，就还给那个人一百金作为回报。不仅如此，苏秦对所有帮助过他的，对他有恩的人都一一报答感谢。但他的一个随从却迟迟未得到奖赏，这人于是去打听原因，苏秦对他说："我没有忘记你。当初我们去燕国，在易水边你好几次都想离我而去。我当时处境困窘，心里对你非常怨恨，所以把你放在最后，不过现在你可以领赏了。"

苏秦因为推行合纵策略成功，一下子从一个落魄士人，变成权倾天下、富甲一方的大人物。他的成功故事也激励着众多辗转各国的纵横游说之士，凭借口舌博取功名正是他们的共同梦想。

信如尾生

过了几年，合纵瓦解了。齐国趁着燕国内乱侵入燕国，吞并了不少土地。苏秦为报燕王的知遇之恩，受命出使齐国，准备向齐王讨还失地。

正当苏秦在齐国积极展开活动时，有人在燕王面前诋毁苏秦，说他是个反复无常的奸臣，迟早出卖燕国。苏秦听说之后，急忙赶回国，但燕王并没让他官复原职。于是苏秦面见燕王说："臣本是东周的一介平民，承蒙大王错爱，对我以礼相待，委我以重任，所以我为大王赴汤蹈火，游说齐王要回了失地，然而大王非但不嘉奖我，反而冷落我，我寻思这是有人在您面前诋毁我不忠的缘故。"

苏秦问燕王："如果现在有孝如曾参，廉如伯夷，信如尾生这样忠信的人侍奉您，大王觉得怎么样？"燕王回答："足够了！"苏秦接着说道："像曾参那样孝顺的人，绝不会远离自己父母，又怎会来弱小的燕国侍奉大王；像伯夷那样廉洁的人，宁可饿死在首阳山下都不肯做周武王的诸侯，又怎会步行千里，去游说齐王退还失地；像尾生那样守信的人，站在桥下等候约定的女子，水涨上来了，他抱着桥柱子淹死了都不肯走，又怎会受王的驱使赶赴齐国退却强兵。而我苏秦，却正是因为太忠实守信了，才得罪了那些在您面前诋毁我的人啊！"燕王纳闷了："你并不是忠信的人啊，怎么会因为太忠信了而得罪人呢？"

苏秦回答："大王，我听说过一件事，有一家主人出远门，他的夫人在家里与人私通，并阴谋用毒酒杀害家主。几天后，家主回来了，家主夫人让小妾端着酒给他，小妾知道酒里有毒，他想告诉家主，可是又害怕家主会把夫人赶走；但如果不说出实情，家主就会被酒毒死。左右为难之际，小妾只能假装跌倒，趁机将酒洒在了地上。不过，她也因为洒了酒而被打了五十竹板。所以小妾故意跌倒，上保护了家主，下保全了夫人，唯独自己委屈受罚，由此可知，谁说忠实守信就不会得罪人呢？很不幸，我现在遭的罪，恰恰跟这个小妾是一样的。"燕王听完苏秦的话，恍然大悟，于是立即让苏秦官复原职了。

燕齐之间

苏秦对燕王忠心耿耿，他知道燕王的心头大患是强邻齐国，就主动要求去做一些削弱齐国的事情。于是，苏秦假装得罪了燕王而投奔齐国去了。

苏秦很快得到了齐湣王的信任和重用，辅佐齐王大建宫室、攻打宋国，使齐国消耗了很多国力；他又劝阻了齐王称帝的企图，并巧妙地影响齐王调整对秦、赵等国的关系，以此孤立齐国。苏秦所做的事情，都是为了减少齐国对燕国形成的威胁。

苏秦得到齐王的宠信，却得罪了许多齐国的权贵，有人派刺客对他行刺，苏秦虽侥幸逃脱，但身负重伤。苏秦临死前对齐王说："臣请求大王，臣死后宣布臣是燕国派来的间谍，并在街市上将我车裂，这样就能找出杀害我的凶手了。"齐王听从了苏秦的建议，凶手也果然中计，他以为苏秦是罪人，因此放松警惕而很快露馅被捕杀。又过了一段时间，苏秦削弱齐国的真相终于暴露了，齐王获知苏秦真的是燕国间谍，又惊又怒。然而为时已晚，齐国遭到了五国的合攻，燕军更横扫齐境，几乎灭齐。燕国能对齐国报仇成功，苏秦功不可没。

苏秦的弟弟苏代、苏厉后来都成为非常有名的纵横家，他们的事迹在《苏秦列传》中也有很多的记录。司马迁在篇末评价苏秦虽然因为间谍的罪名而身败名裂，但他能从一介布衣成为合纵六国的国相，说明他确实才智过人。后世很多类似的故事都附会到了苏秦身上，所以司马迁只能将与他相关的事情按时间顺序记录在《苏秦列传》中，让后世通过这些记录，对苏秦做出一个公正的评价。

 文化常识

战国的纵横家

因为《史记》的记载，苏秦和张仪成了纵横家的代表人物，苏秦合纵，张仪连横。纵横家给人的印象是凭借着三寸之舌，搅动各国政策，左右天下局势，翻手为云，覆手为雨，那么历史上的纵横家究竟是怎样一群人呢？

《汉书》将纵横家归入"九流十家"，主要指战国时期从事政治外交活动的谋士。因为战国的特殊形势，各国为了吞并别国而互为攻战。在时而联合、时而对抗的过程中，逐渐形成了以"合纵""连横"为主要策略的外交、军事活动。其中"合纵"指众弱国联合起来共同进攻一强国的策略，而"连横"指一国联合强国攻打另一些弱国的策略。因为秦国是当时主要的强国，因而后世通常也将各国联合攻打秦国称为"合纵"，而将联合秦国寻求自保的策略称为"连横"。

在纵横家中，公孙衍是最早主张合纵攻秦的人，他又被称为犀首（犀首是官名，因为公孙衍曾担任魏国"犀首"一职）。当时与公孙衍合纵策略针锋相对的，正是担任秦相的张仪，他积极推动连横策略，并成功瓦解了公孙衍的合纵。所以，与张仪同时期对抗的人，是公孙衍而不是苏秦。

那么，《史记》中记述的苏秦是怎么回事呢？《苏秦列传》中说"然世言苏秦多异"，说明司马迁编写《史记》时，手头有很多关于苏秦的资料，但内容形形色色各不相同。这是因为在司马迁的时代，纵横家一派的书籍仍然很多，其中包含了许多相当于纵横家教材的文本，这些文本收录了很多传奇人物的说辞，让门徒们学习如何辩论。苏秦是战国时最有名的纵横家，不少故事或言论都附会在他的身上，因而造成纵横家之书中，关于苏秦的记录特别多。所以，司马迁将或真或假的苏秦故事都收录到了《史记》中。

关于苏秦这个人物，后世学者的研究观点也多有分歧，甚至有一种观点认为历史上没有苏秦这个真实人物。1973年，长沙马王堆出土了一批帛书，其中有一部被整理定名为《战国纵横家书》，这部书中的一些内容与《史记》《战国策》类同，而另一些内容则是这两书中所没有的，这些从未发现过的内容中就有相当部分是关于苏秦的，这也为学者们进一步研究《史记》《战国策》以及苏秦这个人提供了珍贵的资料。

虽然纵横家过分依赖言辞辩论，夸大计谋的作用，但他们的说辞往往引经据典，擅长讲述故事、引用寓言，因而具有很强的感染力和文学性。《史记》中记录的很多人物如苏秦、张仪、陈轸、甘茂、范雎、蔡泽、毛遂等，他们个个口若悬河，能够凭借一己之力说服对方甚至左右天下局势。纵横家是特定历史时期出现的一群特别的人物，虽然他们逐渐从历史舞台上消失了，但他们留下的故事和言辞，无不闪耀着属于他们时代的智慧光芒。

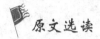

原文选读

《史记·苏秦列传》选段

苏秦之昆弟[1]妻嫂侧目不敢仰视，俯伏侍取食。苏秦笑谓其嫂曰："何前倨[2]而后恭也？"嫂委蛇[3]蒲服[4]，以面掩地而谢[5]曰："见季子[6]位高金多也。"苏秦喟然[7]叹曰："此一人之身，富贵则亲戚畏惧之，贫贱则轻易之，况众人乎！且使我有雒阳负[8]郭田二顷，吾岂能佩六国相印乎！"

注解

①昆弟：兄弟。②前倨而后恭：从前很傲慢，后来很恭敬。前倨后恭一词形容前后态度反差很大。③委蛇：蛇读yí。像蛇一样，以脸面掩地前进。④蒲服：同"匍匐"，趴伏在地上前进。⑤谢：谢罪。⑥季子：小儿子，这里指嫂子称呼苏秦。⑦喟然：叹息的样子。⑧负郭田：负，背负。此指拥有城郊的良田。

14. 乐 毅

　　乐毅是魏国大将乐羊的子孙。乐羊攻灭中山国，是因为魏文侯对他的无比信任，乐毅横扫齐国，也多亏了燕昭王的全力支持。可惜燕昭王一死，乐毅就被撤职，司马迁完整记录下乐毅写给燕惠王的《报燕王书》，可谓字字臣子心，行行辛酸泪。让我们一起通过《乐毅列传》《燕世家》等篇，了解乐毅的故事。

燕王招贤

　　乐毅的故事，要从燕王哙的儿子燕昭王说起。燕王哙让位给国相，因而酿成了燕国内乱，齐宣王趁乱侵燕，但齐军残暴肆虐，引发燕国民众群起反抗，他们迎回了燕王哙的儿子公子职继位，这就是燕昭王。

　　燕昭王眼见燕国弱小被强邻所欺，决心要使燕国强大起来。燕王深知强国需要能人，然而燕国地处北方，国弱民贫，如何才能吸引到天下英才呢？有一天，燕昭王对大臣郭隗（wěi）说："我想要一雪前耻，如果你找得到帮我富国强兵的人才，请一定要引荐给我，我将给他优厚的待遇，恭敬地对待他。"郭隗说："大王您如果真心想要招贤纳士的话，请从我郭隗开始吧。您要像对待贤才一样对待我，人们一旦知道平庸的郭隗都能得到燕王的礼遇，那么那些真有才能的人，一定会不远万里赶来投奔您的。"燕昭王听取了郭隗的建议，他为郭隗扩建了宅邸，并像老师一样尊敬他，处处礼遇有加。果然，不久之后，能人志士们便纷纷慕名而来，燕昭王也如愿得到了很多辅佐他的人才，其中就有赵国的乐毅。

乐毅原先在赵国为官，赵主父被困在沙丘宫中饿死后（赵主父故事详见本书《16. 赵武灵王》），乐毅便离开赵国，去了魏国。燕昭王知道乐毅的贤名，当乐毅来燕国出使时，燕王对他以礼相待，希望他留下来帮助治理燕国，乐毅推辞了几次，但在燕王的盛情之下终于留了下来，燕昭王封他为亚卿。燕国就这样慢慢聚集了一批贤臣良将，在燕昭王的励精图治下，燕国终于逐渐富强了起来。

横扫齐国

当时，秦国和齐国是最强大的两个国家。齐湣王和秦昭襄王不满足于"王"的称号，为了区别于其他国家君王，他们甚至互称东帝、西帝，虽然迫于形势很快撤号，但暴露了齐、秦两国都有夺取天下的野心。

此时的齐国接连战胜了楚、秦，又花了几年时间终于吞并了宋国，齐湣王逐渐骄傲自满起来。其实齐国因为连年用兵，国力消耗严重，人民已经不堪重负了，此外，齐国因为独吞宋国而成为众矢之的，各国都想从齐国手里抢夺宋地，因而在外交上齐国被完全孤立了。齐国表面辉煌，而在内政外交上都处于极大的危机之中，这也正是苏秦帮助燕国乱齐、弱齐的策略。于是秦、赵、燕、魏、韩等五国结成同盟，共同讨伐齐国，其中行动最积极、愿望最迫切的就是燕昭王。

燕昭王复仇齐国的决心从未改变，但他在表面上一直顺从齐王，甚至数次帮助齐国攻打宋国，因而齐湣王对燕国逐渐放松了警惕。乐毅为燕王制定的伐齐策略很明确，燕国无法单独和齐国抗衡，只有联合多国才能打败强齐。因此当秦、赵等国组织伐齐的同盟时，燕昭王立刻任命乐毅为上将军，发全国的兵力给他，同时赵国也任命乐毅为相，乐毅因而可以统一指挥燕、赵的军队。

乐毅汇合五国军队伐齐，齐湣王一开始不以为意，等五国军队攻入齐国了才紧张起来。他派出齐国所有的军队进行抵抗，双方在济水的西边发生了一场大战（史称济西之战），结果齐军大败，主力基本被消灭。济西之战后，联军已完成了打败齐国的目的，因而减缓了攻势，唯独燕国并不善罢甘休。燕昭王准备一雪前耻，攻灭齐国，他下令乐毅率领燕军继续乘胜追击，齐军兵败如山倒，连都城临淄都被攻破了。乐毅攻占临淄后，将齐国的珍宝、祭祀用的礼器等全都运回燕国，燕昭王亲自来到济水边上犒劳军队，封乐毅为昌国君。随后，乐毅受命继续攻打齐国的城邑，想要完全占领齐国。齐湣王虽然逃出了临淄，但后来在辗转逃亡的过程中被害身亡。

报燕王书

经过五年的攻伐，乐毅占领了齐国七十多座城邑，只剩下莒和即墨两座城邑仍在坚守。就在此时，燕昭王去世了，他的儿子继位，即燕惠王。当初还是太子的时候，燕惠王就不喜欢乐毅，加上齐国派人在燕国诋毁造谣，说乐毅这么久没有攻下莒和即墨，是他故意拖延时间，想要在齐国自立为王。燕惠王听信谣言，不久便派将军骑劫顶替了乐毅，召乐毅回国。

乐毅生怕回去被害，便逃往赵国。没有了乐毅的指挥，燕军不久就被打败，齐将田单收复了齐国所有的失地，齐湣王的儿子也继位为新王。这时候，燕惠王才后悔自己罢免了乐毅，但他又恼恨乐毅忘恩负义，投奔他国。于是，乐毅写了一封信回复燕惠王，这就是《报燕王书》。

在信中，乐毅先回顾了自己为什么死心塌地侍奉先王（燕昭王），因为先王是有德行的当世明君；接着乐毅讲述自己奉命伐齐，立功受封的过程，赞扬了先王忍辱负重，为国雪耻的伟业；最后乐毅以伍子胥为例，阐明自己深知功臣不一定善终的道理（善作者不必善成，善始者不必善终），伍子胥先后侍奉阖闾、夫差两位吴王，而境遇完全不一样。有伍子胥的前车之鉴，乐毅表明不回国的原因是害怕自己如遇不测，将玷污先王的英名，所以只能奔赴他国，苟全性命、再立新功是为了彰显先王的功业。乐毅句句表露自己的赤胆忠心，最后乐毅恳请燕王理解自己的处境，表明自己绝不会忘恩负义去损害燕国。乐毅的一片赤诚终于解开了燕王的心结，他封乐毅的儿子乐闲为昌国君，而乐毅也和以前一样作为两国客卿往来于燕赵之间，最后他在赵国去世。

乐毅是一位德智兼备的人物。他横扫齐国的不世之功，换来了被诽谤撤职的耻辱，这样的结局在古代并不鲜见。乐毅以一封推心置腹的书信，道出了信而见疑、忠而被谤的臣子苦衷，无怪乎后世有人看了这封书信，会感同身受而忍不住掩面哭泣。《史记》中的乐毅和他的《报燕王书》作为君子和忠臣的写照而流芳百世。

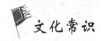

文化常识

燕昭王的黄金台

"前不见古人，后不见来者，念天地之悠悠，独怆然而涕下。"唐代诗人陈子昂这首流传千古的《登幽州台歌》，诗中的幽州台即指招贤台，也就是当年燕昭王招贤纳士的黄金台。诗人为何在黄金台发出这样的千古绝唱？黄金台又有哪些故事？我们一起了解一下。

在《史记·燕召公世家》中，郭隗谏言燕昭王招贤纳士"请从隗始"，燕王在郭隗身上做了个礼遇贤士的示范并尊其为师，一般认为黄金台就是燕昭王为郭隗修筑的，传说燕王在台上放置黄金吸引天下贤士，因而被称为黄金台。

在《战国策》的记载中，郭隗为了说服燕王，还给他讲了一个有趣的故事。从前有一位君王用千金求购千里马，三年过去了，他都没能买到，有一位臣子自告奋勇去寻千里马，君王答应了。三个月后，那位臣子找到了千里马，可惜那匹马已经死了。于是臣子花五百金买了死马的头回来，国王大怒，臣子却回答说，如果大王不惜重金买死马头，您热衷千里马的名声一定会路人皆知，那么天下人一定会争相送千里马来的。果然，一年不到，许多千里马被送来供王挑选。这就是"千金市骨"的典故，郭隗通过这个故事告诉燕王，自己是一颗没用的死马头，但如果连郭隗这样的人都能得到燕王礼遇，那么真正有才能的人就会像千里马一样纷至沓来。燕昭王于是建造了高台，让天下人知道自己礼遇郭隗，不久像乐毅、剧辛、邹衍等贤能之士都来到了燕国。虽然我们不清楚高台上是否真的放置了黄金，但这个招贤台起到的效果，恰恰与"千金市骨"的效果是一样的，或许这也是招贤台被人们称为黄金台的原因吧。

唐代的陈子昂怀才不遇，心情抑郁，他登上幽州台感叹"前不见古人"，"古人"指的就是求贤若渴、知人善任的燕昭王。诗人触景伤情，虽然诗句简短，但语言苍劲有力，诗意寂寥悲凉，感动了无数人。除了陈子昂之外，李白、李贺、李商隐、柳宗元等许多文人骚客都留有关于燕昭王黄金台的诗，从这个意义上说，时隔千年，燕昭王的黄金台仍起着招贤台的作用，只不过招来的不是能臣良将，而是许多位了不起的诗人！江山代有才人出，各领风骚数百年。通过黄金台我们能够遇到那么多的中华才俊，不也是一件倍感自豪和幸福的事么。

《史记·乐毅列传》选段

　　臣闻之，善作①者不必善成②，善始者不必善终。昔伍子胥说听③于阖闾，而吴王远迹至郢④；夫差弗是也，赐之鸱夷而浮之江⑤。吴王不寤⑥先论之可以立功，故沈⑦子胥而不悔；子胥不蚤见主之不同量⑧，是以至于入江而不化。

注解

　　①作：创业，开创局面。②成：守成，将事业发扬光大。③说听：指谏言被采纳。④远迹至郢：指吴王阖闾攻入楚都郢的功业。⑤赐之鸱夷而浮之江：指吴王夫差将伍子胥的尸体装在鸱夷子皮中扔进长江。⑥寤：同"悟"，明白。⑦沈：同"沉"，沉入。⑧量：气量，胸怀。

15. 田 单

　　五国伐齐之后，乐毅横扫齐国，齐国宗庙被毁，齐湣王逃亡被杀，齐国眼看就要灭亡了。然而，沧海横流之时，必有英雄挺身而出，田单解即墨之围，全齐国之地，复宗庙社稷，他正是在齐国绝境下出现的大英雄。《田单列传》《田敬仲完世家》等篇都记述了田单绝境之下力挽狂澜的伟大逆袭。

临危受命

　　田单是齐国王族的疏远旁支，齐湣王时，田单是临淄管理市场的小官。临淄被燕军攻破之后，齐湣王辗转多地后逃进了莒城，田单则率领族人们逃到了安平城。不久，安平城又被燕军攻破，人们纷纷夺路而逃。人挤人，车撞车，很多马车的车轴都被撞断，许多人被燕军俘虏。田单在逃亡前，就命族人把马车的车轴两端锯掉，包上铁头，因而田单一族的车都没被损坏，得以顺利逃入即墨城避难。

　　燕军很快得悉齐湣王在莒城，于是全力攻莒。在此期间，齐湣王在城内被楚将淖齿杀害。这时，整个齐国几乎都被燕军占领，只剩下莒和即墨还在坚守。都城已破，宗庙被毁，国君遭害，齐国处在风雨飘摇的生死存亡之际，而莒和即墨就像齐国这棵大树上仅存的两片树叶，在狂风暴雨中随时可能被吹落。

燕军对莒久攻不下，又调转兵锋攻打即墨。即墨大夫战死，眼看即墨也将要沦陷了。这时有人提议让田单担任领袖，他能用车轴包铁的法子成功逃离燕军的追杀，说明田单有智谋，熟兵法，于是田单被大家拥立为将，率领城内军民坚守即墨，抵抗燕军。

反间与激将

田单于是担负起坚守即墨的重任，他通过周密的部署，加强了即墨的防卫，因为他明白时间撑得越久，机会就会越多。果然，不久转机出现了——燕昭王去世，新王继位，而这位新王与燕军主将乐毅向来有矛盾。田单抓住了这个清除乐毅的机会，他立刻派人潜入燕国进行反间活动，散布谣言说乐毅之所以对即墨和莒久攻不下，是因为他想要在齐国称王，所以故意拖延时间寻找机会。燕王果然听信了谣言，下令把乐毅召回国，派将军骑劫代替他指挥燕军。乐毅不敢抗命，也不敢回燕国，只能逃往赵国保命。对田单来说，战场上最大的威胁消除了，阻碍齐军的巨石被搬走了。

面对没有乐毅指挥的燕军，田单也并不掉以轻心，他开始一步步实施自己的反击策略。一方面，是鼓舞本方士气，另一方面，是让敌人松懈。

田单要将齐军仅剩的这点力量拧成一股绳，并且挖出最大的潜力，怎么做呢？那就是激将法！田单故意泄露消息说，自己最害怕燕军把割了鼻子的俘虏置于阵前。燕军听闻后，真的把俘虏的鼻子割了，并把他们驱赶在阵前。即墨城里的军民见燕军竟然这样虐待俘虏，个个义愤填膺，所有人都宁愿战死也不想被齐军抓到。田单又散布假情报说，即墨城里的人最害怕燕军把城外他们祖宗的坟墓掘了。燕军这回又中计，在城内守军的注视下，他们真的将齐人的祖坟刨开，并挖出遗体烧掉。即墨城的军民看到祖宗被辱，个个痛哭流涕，人人咬牙切齿，恨不得立刻冲杀出去，与燕军拼个你死我活。此刻即墨城内，每一个人都像一支上了弦的箭，只待田单一声令下。

田单当然也要想办法让敌人的防备松懈下来。为了麻痹敌人，他让城内的精兵都隐藏起来，派老弱残兵在城上防守，他又派出使者去与燕军将领商量投降的细节，将领们都以为即墨已经陷入绝望了。接着，田单搜集了全城的黄金，选派即墨的富人秘密出城，用这些黄金收买燕军的将领们说："即墨城即将投降，请将军一定要保护我的家人免遭劫掠啊！"将领们满口答应。此时的燕军之中，无论将军和士兵都以为胜利在望，都等待着即墨开城投降。

终于，田单下令了……不是投降，而是冲锋！

火牛奇阵

夜晚来临，燕军正酣睡。即墨城墙被悄悄挖出几十处缺口，忽然一声巨响，从城墙的缺口里同时冲出无数的火团，其实那都是一头头壮实的牛。原来，田单搜集了全城一千多头牛，为他们披上画着五彩龙纹的缎子，在他们犄角上扎上锋利的刀子，又将牛尾巴绑上浸满脂油的芦苇，最后点燃芦苇，尾巴被烧得火热的牛群惊恐万分，他们低着头冲出城墙的缺口，从四面八方冲入燕军的阵营。燕国的士兵从睡梦中惊醒，只看见一团团浑身冒火的神物四下里冲来，触之则伤，挡之则死。田单又布置了五千名全副武装、口中衔枚的齐军精锐，紧跟在牛群的后面一起冲杀。在燕军眼里，他们就像鬼魅一般，跟在冒火的怪物后面，无声无息地取人性命，诡异恐怖至极。而在这些牛群和士兵的后面，则是即墨全城的百姓，无论老弱、妇女还是儿童，人人敲锣打鼓地跟在后面大喊助威。

　　燕军被杀得猝不及防，他们的阵地被冲垮了，四处逃窜，溃不成军，主将骑劫也在混乱中被杀死。凭借火牛奇阵，田单成功从即墨突围，他组织齐军一鼓作气，乘胜追击，齐国各地也都纷纷对燕军展开反击，田单的队伍一天天壮大，最后他率领齐军成功收复了所有的失地。人们找到了齐湣王的儿子，他此时正流落民间帮人灌溉种菜。田单将他迎回临淄登上王位，这就是齐襄公。因为田单救国有功，齐襄公封田单为安平君。

　　《田单列传》的篇末，太史公大赞田单用兵"奇正相合""始如处女，后如脱兔"，田单的策略高瞻远瞩，部署巧妙周密，用兵步步为营，确实是一位卓越的将军。而围绕着齐国的攻防，前有燕将乐毅狂飙突进，后有齐将田单力挽狂澜，田单和乐毅虽然不曾正面交锋，但他们一前一后现身历史舞台、一攻一守创立绝代功勋，让人有棋逢对手，将遇良才之感，恰似闪耀在这场疯狂战争中的夺目将星。

在五国伐齐、燕军入侵之后，齐国虽然没有被灭国，但这个东方原先最强的国家彻底衰落了。更重要的是，从此齐国与东方诸国之间埋下了刻骨仇恨，在之后秦军东进时，齐国多是秉持隔岸观火的态度，他无力、更无心对其他国家施以援手。秦、齐东西对峙的局面被打破了，这时横亘在秦军东进之路上的，唯有经过赵武灵王军事改革后的强国——赵国。

文化常识

打仗真可以这么"牛"吗？

田单利用牛群冲杀突围，这个火牛阵非常奇特罕见，不仅在战国之前闻所未闻，就是在之后两千多年的历史中，用牛打仗的战役也是凤毛麟角，而且几乎再也不曾出现过像田单那样获得决定性胜利的战例。那么，《史记》里记载的这一场富有传奇色彩的即墨之战，究竟是真牛还是吹牛呢？我们不妨一起来分析下。

《田单列传》中记载，大战之前"田单乃收城中得千余牛"。那么，在战国时代，像齐国即墨这样的一个城邑，会有一千多头牛吗？先看看即墨的城市规模和人口。战国时农业发展，人口增加，城邑也相应地扩大了规模，万户之邑已经很常见，齐国又是当时最富裕的国家，临淄更是天下最热闹的都城，苏秦游说齐王时曾说到临淄城内有七万户，如果每户抽取三名壮丁，则一下子就有了二十一万的军队。即墨虽然不是临淄，但也是齐国的五都之一，应该至少也是万户之邑，人口或可达十万左右。再看看牛的使用状况。战国时期，牛耕已很普遍，牛也是重要的交通运输工具，比马车更适合运输货物。

综合人口和牛的日常用途，我们推测一下即墨城内牛的数量。战国都城的形式大多是城郭互连，都城包括"城"和"郭"两部分，一般形式是小城连着大郭。小城里有宫殿宗庙，是王公居住地，大郭里有官员、平民的住宅以及交易场所——市。郭外一般都是耕田，苏秦所说的"且使我有雒阳负郭田二顷"中"负郭田"就是紧靠郭的地方的良田，耕田的人早上出郭，晚上回郭。因此，即墨附近田地的农耕牛应该是在郭内。这样，即墨城内的牛就包括了农耕牛、交通用牛以及市场上出售的牛，万户之邑要搜集一千多头牛，平均每十几户人家提供一头牛，或许这仍然存有疑问，但是考虑到这是在非常时期，即墨城内除了平时的住户外，还有不少像田单一样为躲避齐军而逃进即墨避难的民众，其中应不乏坐着牛车或赶着牛来的。所以这样估算的话，在非常时期的万户之邑搜集出一千多头牛并不是天方夜谭。

如果田单确实有这么多牛，那么用这些牛耕地自然不在话下，但问题是，把这些牛赶到战场上打仗可行么？《田单列传》中描述了牛的用法："为绛缯衣，画以五彩龙文，束兵刃于其角，而灌脂束苇于尾，烧其端。"如果我们是其中的一头牛，应该不知道自己穿着五彩龙文的缯衣，也不知道自己角上有兵刃，真正能让牛感受到的只是——尾巴被烧了。作为牛，被激怒后全力冲出去，就是完成田单的任务了。齐军"凿城数十穴，夜纵牛"，尾巴烧着的牛从墙洞中冲出并四处乱冲乱撞，因为燕军包围着即墨城，所以无论牛往什么方向冲，只要不钻回城墙的洞，最后必然冲入燕军的兵营。被几百斤的奔牛冲撞到会是什么结果呢？我们知道西班牙有一个传统节日奔牛节，每年在奔牛节中，总有人被牛冲撞受伤，甚至还有人被牛角顶死。那么火牛阵中那些角上带兵刃的牛一定更加危险，燕军也一定会因此产生死伤。

当然，奔牛虽然危险，但田单用火牛阵并不是把牛当主力去杀敌。牛并不是训练有素的战士，它们在战场上不会保持阵形，也不会听指挥。从《田单列传》中可以看出，火牛冲锋只是田单实施步骤中的一个环节，所起到的最重要的效果是"乱"，冲乱敌人的阵营，更是冲破敌军的心理防线。无论是角束兵刃、尾点油火还是五彩龙文、群起鼓噪，都是加强这种乱的效果，随后五千名口衔枚的士兵冲锋杀敌，宛如天兵下凡，将这种"乱"的效果放大至"骇"，于是完全没有准备的燕军"大骇，败走"。

所以，即墨之战的胜利绝不是牛的功劳，火牛阵只是田单众多谋略中比较特别的一环，之后他又一鼓作气收复齐国七十余城，足见田单取得的胜利绝不是靠一个点子、凭一时运气，而是因为他足智多谋，步步为营。

原文选读

《史记·田单列传》选段

田单乃收城中得千余牛，为绛缯衣①，画以五彩龙文②，束兵刃于其角，而灌脂束苇于尾，烧其端。凿城数十穴③，夜纵④牛，壮士五千人随其后。牛尾热，怒而奔燕军，燕军夜大惊。牛尾炬火⑤光明炫耀，燕军视之皆龙文，所触尽死伤。五千人因衔枚⑥击之，而城中鼓噪⑦从之，老弱皆击铜器为声，声动天地。燕军大骇，败走。

注解

①绛缯衣：深红色的绸缎做成的衣服。②龙文：龙形的花纹图案。③穴：洞，此指城墙上的缺口。④纵：放出，放纵。⑤炬火：火把。⑥衔枚：衔在口中的器具，古时军队为了防止出声常用。⑦鼓噪：擂鼓呐喊，指发出很大的声音。

"长平之战"字形：大篆，笔意取自先秦《石鼓文》。

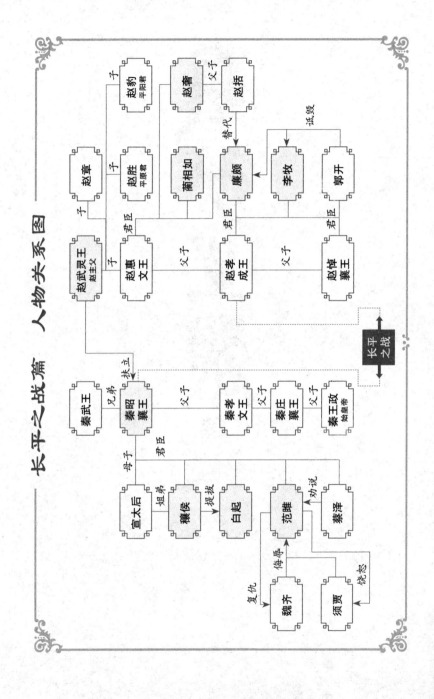

长平之战篇 人物关系图

16. 赵武灵王

赵与魏、韩合称"三晋"，赵氏在春秋时期也是晋国的卿族，赵衰、赵盾、赵简子、赵襄子等赵氏先辈都建立了非凡的功业。赵烈侯在位时，赵、韩、魏三家得以封侯，正式立国。赵国也经历了公仲连变法图强，因为地理位置关系，长期与北方游牧民族、中山国缠斗。赵烈侯的第五代子孙中，出现一位重塑赵国的强人——赵武灵王。

韬光养晦缓称王

赵肃侯是赵烈侯的曾孙，他在位时，魏惠王自恃强大，经常对赵、韩两国进行讨伐，但赵国并不落下风。赵肃侯去世后，他的儿子赵雍继位，即赵武灵王，当时他还是一个十五岁的少年。魏与秦、楚、燕、齐五国各率领一万军队前来参加肃侯的葬礼，实际上，五国是伺机而动，别有所图。赵武灵王面临继位后的第一次考验，在赵国君臣的共同努力下，他们采取了针对性的策略，使得五国毫无可乘之机。赵国安然度过这次危机，赵武灵王也显露出少年老成，行事稳重的明主风采。

当时，魏国已在走下坡路，秦、楚、齐三强鼎立，犀首串联合纵，张仪组织连横，天下形势变幻莫测。赵武灵王继位后专注于治理内政，并不轻易发动战事。犀首为了合纵攻秦，联合魏、韩、赵、燕、中山五国结盟，互相称王，史称"五国相王"。魏、韩之前早已称王，因此五国中燕、赵、中山是首次称王，但赵武灵王声称赵国不具备称王的实力，所以让国人仍旧称自己为"君"。

赵武灵王虽然消极称王，但他在行动上却非常积极，屡次亲赴边境考察，搜集情报，因而对天下形势洞若观火。在对外政策上，他积极拉拢同盟，在各国扶持亲赵的人物。北方邻国燕国发生内乱，他从韩国迎来燕王哙的儿子公子职（即燕昭王），并护送他回燕国继位。燕国与赵国结盟，此后燕赵联军在乐毅率领下横扫齐境，大大削弱了强邻齐国。西方邻国秦国在秦武王死后陷入夺位之争，赵武灵王看准形势，将在燕国做人质的嬴稷（即秦昭襄王）送回秦国继位，因而秦、赵在此后一段时期内比较和谐，并未发生大战事。

赵武灵王内部励精图治，外部与几个邻国建立了和平稳定的关系，因而他能够集中精力消灭赵国的心头大患——中山国。

胡服骑射取中山

中山国是由白狄建立的国家，它的国土嵌在赵、燕之间，对赵国的威胁巨大。魏文侯在位时，曾帮助赵国攻灭中山，但不久中山得以复国，又成了赵国的心头大患。赵武灵王深信赵国若要强大,必先要灭掉中山国。然而,包括中山国在内,赵国毗邻胡、林胡、楼烦等游牧民族,这些民族都擅长骑射,中原各国传统的战车和步兵,对他们根本体现不出优势。

经过多次的较量和思考,赵武灵王决定进行一场前无古人的军事改革:学习胡人的骑射战术,改穿和胡人一样的适合骑马的衣服,短衣窄袖,带钩皮靴。改革之前,赵武灵王征询大臣们的意见,只有楼缓支持。他又找到德高望重的老臣肥义商量,坦言自己改革的决心和顾虑,肥义鼓励他不要犹豫,不要在意世人的非议。于是,赵武灵王亲自改穿胡服,此举遭到了赵国贵族的坚决抵制,赵武灵王便亲自拜访叔父公子成,向他解释胡服骑射的重要性,恳请叔父为大家做出表率。最终,公子成被说服了,他率先穿着胡服上朝,之后贵族和大臣们也慢慢接受了改革,于是赵国军队全面推行胡服骑射。

改革之后,赵国军事力量有了长足的发展。赵武灵王向北大败中山国的军队,向西大破林胡,吞并了大量土地,新设了云中、九原等郡。从此赵国的疆域连通北方燕、代地区,北方胡狄部族纷纷臣服,为赵国提供了大量马匹和善射的骑兵,赵国由此后来居上,成为当时最具实力的军事强国。

沙丘之乱主父亡

正当赵国蒸蒸日上之时,赵武灵王忽然做出了退位的决定,把王位让给了儿子赵何,即赵惠文王,自己退位后称为赵主父。原来,赵武灵王想要专心拓展北方的事业,自己负责对外用兵，而让儿子负责内政，分工合作。在他的运筹帷幄下，赵国很快彻底攻灭了中山国，并大大开拓了北方的胡地。接下来赵国面对的强敌是秦国，赵主父萌生了绕过函谷关，从北方云中、九原地区直下攻秦的大胆设想，为了一探秦国的虚实，他甚至打扮成随从的模样，跟着赵国使者出使秦国面见了秦王。秦王眼光犀利，看出赵使身边有一位随从气度非凡，结束会面后，想派人追他回来，但赵主父已经快马加鞭回国去了。后来秦王得知那位随从就是赵主父，十分震惊。可见，赵主父的眼界高远，胆量过人，而且他非常务实，在做出决策前，喜欢亲身考察，亲眼所见。

赵主父虽然退位，但仍掌握着军政大权。他让老臣肥义担任赵何的相国和老师，辅佐这位年幼的赵王。赵何本来不是太子，但因为赵主父宠爱他的母亲，所以继承了王位。原先的太子赵章则受封代地，赵主父虽然做了废长立幼的事情，但他始终对废太子赵章感到过意不去。有一次群臣礼拜赵王时，赵主父看见赵章向弟弟行拜，于心不忍。于是，主父产生了一个念头：把赵国一分为二，将代地分割出去，让赵章成为代王。但是，这个想法却酝酿出了大祸端，因为山无二虎，国无二主，赵何与赵章两派互相敌视，赵国宫中暗潮涌动。

这一年，赵主父与赵惠文王、赵章父子三人一同前往北方的沙丘（赵国地名）出游，他们居住在不同的别宫里。赵章和辅臣田不礼率先发难，设计杀害赵王，他们假传赵主父的诏令召见赵王，但肥义劝阻了赵王，自己代替赵王前往，结果不幸遇害。宫廷政变拉开了大幕，双方士兵展开搏杀。这时，支持赵王的权臣李兑、公子成等闻讯，火速集结大军从邯郸赶来保护赵王，并很快剿灭了叛军。赵章兵败，他逃进主父的宫中，想要得到父亲的庇护，但最终仍被杀害。叛乱虽已平息，李兑和公子成害怕被赵主父问罪，所以他们继续包围着主父的住处，不让他出来。赵主父被困在宫中，没有人服侍也没有食物，他甚至饿得去掏鸟窝里的小鸟吃。就这样，在被整整困了一百天之后，赵主父活活饿死了，一代雄主就这样死在了宫廷政变中。

 文化常识

沙丘——困龙之地

一代雄主赵武灵王遭遇政变，最后竟被活活饿死，因为此事件发生的地点在赵国沙丘的离宫中，因而史称"沙丘之乱"。但是，沙丘发生的政变可不只这么一次，也不只赵武灵王一个君王在此遭难，沙丘甚至被后世称为"困龙之地"，让我们来了解一下其中的原因。

沙丘（今河北省邢台市广宗县境内），战国时赵国古地名，当时建有赵王的离宫。此处的地名"沙丘"并非指沙漠地区的地貌，根据地方志记载，因为当地"地势平衍，土壤概系沙质，到处堆积成丘，故古名沙丘"。沙丘历史悠久，《史记》中这一地名也多次出现，而且至少与三位统治者有关。

《史记·殷本纪》记载商朝的末代天子商纣王荒淫无道，他扩建了位于沙丘的宫苑，并"大聚乐戏于沙丘，以酒为池，悬肉为林"。所以"酒池肉林"的荒诞行为就是发生在沙丘的宫苑中。当然，商纣王咎由自取，遭到周武王的讨伐，最后兵败自焚。

商朝灭亡后，沙丘所在地属邢国，春秋战国时期诸侯互为攻战吞并，邢地先后归属卫、晋、赵。战国时，邢地因为地处北方边境且靠近中山国，因而成为赵国的战略重镇，赵在此建有别都——"信都"，并在信都周边建设了包括沙丘宫在内的离宫。赵武灵王就是在信都发布了胡服骑射的命令，他在此运筹帷幄，攻灭了中山国，不料后来竟会在沙丘遭遇政变。《史记·赵世家》记载赵主父被困"三月余而饿死沙丘宫"。

赵主父遇难仅仅不到九十年，沙丘又见证了一次大变乱。当时，统一天下的秦始皇在第五次出巡途中身患重病，《史记·秦始皇本纪》记载"七月丙寅，始皇崩于沙丘平台"，他在行经沙丘停歇时驾崩了，此后赵高、李斯等秘不发丧，并篡改皇帝遗诏，将皇子胡亥扶上皇位，并设计赐死扶苏、杀害大将蒙恬。这次宫廷变乱在历史上也称为"沙丘之变"。

所以，发生在沙丘的古代宫廷变乱不止一次，如果不点明人物，则可能会产生混淆。赵武灵王与秦始皇这两位雄主，竟然都在沙丘殒没，人们不禁怀疑这难道是巧合吗？由此，沙丘被看作君王的不祥之地而被后世称为"困龙之地"。

 原文选读

《史记·赵世家》选段

主父欲令子主①治国，而身胡服将士大夫西北略②胡地，而欲从云中、九原直^③南袭秦，于是诈^④自为使者入秦。秦昭王不知，已而怪其状甚伟^⑤，非人臣之度^⑥，使人逐之，而主父驰已脱关矣。审问之，乃主父也。秦人大惊。主父所以^⑦入秦者，欲自略地形，因观秦王之为人也。

注解

①主：负责，主理。②略：掠取，攻占。③直：直接。④诈：假装。⑤伟：伟岸，此指气度不凡。⑥度：风度，气度。⑦所以：……的原因。

17. 蔺相如

如果说赵武灵王是开创事业的一代雄主，那么赵惠文王则是一位出色的守成之君，他将赵武灵王的事业发扬光大，使赵国成为当时唯一可以与秦国抗衡的力量。这一时期，赵国出现了一批赫赫有名的贤臣良将，乐毅、平原君、廉颇、赵奢、李牧都各领风骚。而在《史记》中，蔺相如的故事尤为生动，颇具传奇色彩。

和氏璧

赵惠文王得到了天下至宝和氏璧，这个消息被秦昭襄王知道了，他写了封信给赵王，想要以十五个城邑换取和氏璧。这下赵王为难了：给吧，怕秦王失信，拿了玉璧不给城邑，毕竟他曾毫无信义地扣留过楚怀王；不给吧，又怕秦国以此为借口挑起战端。左右为难之时，宦者令缪贤向赵王推荐了自己的门客蔺相如。

原来，缪贤曾经犯了过错，他想离开赵国逃去燕国，蔺相如阻止他说："燕王以前与您交好，是因为您在赵王面前说得上话，现在您背叛赵王投奔他，燕王害怕得罪赵国，所以不但不会收留您，还会把您绑送回来。为今之计，您还不如诚恳地向赵王请罪，也许能侥幸获得原谅。"缪贤果真听从建议并获得赵王赦免，所以他觉得蔺相如有胆识，于是将他推荐给了赵王。

赵王询问是否该向秦王献和氏璧，蔺相如说："秦比赵国强大，所以不能不献玉璧。"赵王又担心秦国不会给城邑，蔺相如说："秦提出交换，不献上玉璧是赵理亏；献了玉璧不交城，那是秦理亏，两相比较，宁可让秦理亏。"赵王再问去秦国献璧的人选，蔺相如毫不犹豫地回答："大王请派我去献璧，拿到了城，玉璧就留在秦国，拿不到，我必将完璧归赵。"于是，赵王就派蔺相如去秦国献璧。

秦王在章台接见了蔺相如，相如将玉璧献上。秦王大喜，手捧玉璧细细端详，看完还传给身旁的美人和属下看，满朝大臣都啧啧赞叹，高呼万岁。蔺相如看秦王不像要交出城的样子，于是上前禀告："这块玉璧上有瑕疵，请让小臣指给大王看。"秦王命把玉璧交给赵使，蔺相如一拿到玉璧，立刻举着玉璧靠在柱子上，怒发冲冠地说道："我们赵王派我来献玉璧前，郑重地斋戒了五日，以显示对秦国及大王的尊敬。平民都知道做事需守信，何况大国的国君，但是今天我看到大王将玉璧随意传看，毫不尊重我这个使者，完全没有交换城邑的意思，所以我拿回玉璧，如果你们硬抢，我的头颅和玉璧就一起撞碎在这柱子上！"秦王害怕蔺相如真的把玉璧撞碎了，于是命人展开地图指点十五城的位置。蔺相如看穿了秦王没有诚意，要求秦王也得斋戒五天才能交还玉璧，秦王无奈地答应了。

蔺相如回到旅舍，他知道秦王不会交换城邑，于是让手下乔装打扮后把和氏璧偷偷送回了赵国。过了五天，秦王在王宫举行隆重的仪式，准备交换玉璧。蔺相如上前恭敬地说："从秦穆公以来，秦国历代国君很少有坚守盟约的，我很害怕被大王欺骗而辜负了赵王，因而派人走小路将和氏璧送回了赵国。我考虑到秦国比赵国强大，因而请大王派使者去赵国先献上十五城邑，赵国到时候一定会献上和氏璧。至于我，如今犯下欺骗大王的罪，理应处死，请让我接受汤镬（huò）之刑。"在场的大臣们不禁面面相觑，有人想立刻将蔺相如拖下去，秦王却说："杀了他也拿不回玉璧，反而破坏了秦赵之间的友好，不如还是对使者以礼相待，让他回赵，赵王总不见得为了一块玉璧而得罪秦国吧。"于是，蔺相如得以平安地回到赵国。

赵王欣赏蔺相如出色地完成了任务，维护了赵国的尊严，因而拜蔺相如为上大夫。后来，秦国终究没有派人来献城，因而赵国也没有失去和氏璧。

渑池会

这一年，秦昭襄王邀请赵惠文王在西河外的渑（miǎn）池相会，赵王害怕秦国，不想去。蔺相如和大将廉颇都力劝赵王赴会，不能让赵国露怯。于是赵王启程赴会，蔺相如随行。廉颇率领军队一路护送到国境，与赵王约定说："此次相会行程大概三十天，如果三十天后大王还没回国，请允许我们立太子为王，以此绝了秦国用您来要挟赵国的念头。"想到当年楚怀王武关被扣的前车之鉴，赵王答应了。

秦王和赵王在渑池如约相见，双方把酒言欢，气氛很不错。饮酒正酣时，秦王对赵王说："我听说赵王很喜欢音乐，请您弹瑟。"赵王依言弹瑟。这时，秦王随行的史官上前来，在简册上写下："秦王与赵王一同饮酒，命赵王弹瑟。"蔺相如立刻走上前对秦王说："我们赵王也听说大王您很擅长秦国的音乐，请您弹奏盆缶（fǒu），相互助兴。"但秦王却拒绝了。于是，蔺相如捧了一只缶跪到秦王面前请他敲缶，秦王还是拒绝。蔺相如厉声说道："五步之内，我脖子喷出的血可以溅到大王。"侍卫见相如威胁秦王，立刻拔剑冲上来，相如对着他们瞪眼大喝，侍卫不敢莽撞，又缩了回去。秦王只能敷衍地敲了一下，蔺相如立刻让史官记录"某年某月某日，秦王为赵王击缶。"宴会还在继续，而气氛却不那么友好了。过了一会儿，秦国的大臣提议说："请赵国拿出十五座城邑做礼物，为秦王祝寿。"蔺相如马上回敬道："请秦国献出咸阳（秦国都城）作为礼物，为赵王祝寿。"一直到宴会结束，秦国都没能在气势上压倒赵国。他们也知道赵国陈兵国境，因而也没敢做什么出格的举动。回到赵国，赵王大大地嘉奖了蔺相如，任命他为上卿。

将相和

蔺相如成为上卿以后，地位在廉颇之上。廉颇很不服气地说："我攻城略地，出生入死才得到现在的地位，他蔺相如只不过动动嘴皮子而已，而且本来出身卑贱，现在居然地位在我之上，我真感到抬不起头。"廉颇扬言，如果遇见蔺相如，一定要好好羞辱他。

蔺相如听说后，一直刻意躲着廉颇。廉颇上朝，他就托病在家；在路上远远地看到廉颇，也马上让车夫调转车头走开。过了段时间，蔺相如的门客们忍不下去了，他们为主人的怯懦表现而感到羞耻，纷纷准备告辞离开。蔺相如挽留他们说："各位觉得廉将军与秦王比起来，哪一个更加强悍？"门客们都说是秦王，蔺相如说："秦王如此厉害，我都敢当着他满朝文武的面呵斥他，我虽然无能，难道就单单怕廉将军吗？大家想想，秦国之所以现在不敢对我们赵国用兵，只不过因为有我和廉将军在，如果我们两虎相争，必然不能共存，所以我一直避开他，就是考虑要以国家安危为重，而将个人恩怨放在一边啊。"

廉颇很快听说了蔺相如的话。他光着上身，背着荆条，由门客引领着来到蔺相如家，向其请罪道："我廉颇是个粗鲁低贱的人，没有想到将军您是这么宽宏大量。"两人于是言归于好，并且成了同生共死的好朋友。

司马迁评价蔺相如说，抱有必死决心的人肯定很勇敢，因为死亡不难，难的是如何面对死亡。当蔺相如手举玉璧，睥睨立柱，呵斥秦王左右时，大不了就是一死，士人一般会害怕而不敢如此决绝，但相如奋不顾身，从此英名威震敌国。等他回到赵国之后，又为了顾全大局而谦让廉颇，美名重于泰山。蔺相如真是一个有胆有识、智勇兼备的人啊！

文化常识

关于和氏璧的传说

蔺相如因为完璧归赵而获得了赵王的青睐，而故事中的天下至宝和氏璧也因为《史记》的记载而为我们所熟知。和氏璧在战国时期就天下闻名，秦王想要以十五城作交换，但赵王似乎也不很情愿，可见这是一块不可多得的稀世珍宝。关于和氏璧的故事和传说，其实在《史记》之外的古籍中也有记载。

和氏璧是怎么被发现的呢？它的名字中就有答案。根据《韩非子》等书记载，春秋时期，楚国人卞和在荆山中发现了一块玉璞，他将玉璞献给楚厉王，但被宫中的匠人鉴定为石头，楚王以欺君之罪断其左脚。楚厉王死后，卞和又将玉璞献给继位的楚武王，结果又被鉴定为石头而断了右脚。直到楚文王继位后，才接受了卞和的玉璞，并从中剖得宝玉，制成稀世珍宝，于是世人以卞和之名称其为和氏璧。后来楚国与赵国联姻，和氏璧被送到赵国，接着就发生了秦王夺玉、蔺相如完璧归赵的故事。

不过，和氏璧的故事并没有就此结束，秦统一天下后，传说秦始皇的传国玉玺就是由和氏璧雕琢而来，并且玉玺上刻有"受命于天，既寿永昌"八个字。秦末战乱，刘邦率先进入咸阳，秦王子婴献出传国玉玺投降，刘邦建汉后，它又成了汉朝天子的玉玺而世代相传。到了王莽篡权时，他派人索取传国玉玺，太后一怒之下将玉玺摔在地上，摔坏了一角，后来由工匠用金料补上。王莽兵败，刘秀继承汉业，玉玺仍为汉天子所有。直到东汉末年，群雄逐鹿，《三国演义》第六回描写了孙坚意外从皇宫的井中发现了这枚"方圆四寸，上镌五龙交纽，傍缺一角，以黄金镶之"的传国玉玺，继而这枚玉玺又引发了孙坚、袁术、曹操之间的一系列矛盾，最终玉玺和魏、蜀、吴三家一起归了晋。但在不久晋代的战乱中，这枚具有传奇色彩的玉玺再次失踪，并最终消失在历史的长河中，再也不见身影。

以上关于传国玉玺的内容都是传说，并不见于正史。然而看了这些故事，我们可能还会关心一个问题，既然和氏璧是玉璧，那么它必然是一块圆环状的扁玉，如何用它做成方方正正的传国玉玺呢？因为我们从一些影视作品中看到，皇帝用的玉玺应该是双手托捧着的硕大沉重的器物。事实上，经过文献研究及考古发现，秦汉时期的皇室印玺及官印，大小都仅为一寸见方，因而被称为"方寸之印"，比如陕西历史博物馆所藏的西汉"皇后之玺"，以羊脂白玉雕成，2.8厘米见方，高2厘米，重仅33克。如果和氏璧比较厚的话，用来雕琢出这样的方寸之印完全是有可能的。

为了体现帝王威严，后世朝代的皇帝印玺逐渐变多、变大，所以像影视作品中那样的大玉玺，在历史上确也出现过。比如清朝乾隆皇帝有一枚青玉蟠龙玉玺，边长达到11.7厘米，重3 770克，像这种需要双手才能捧起的玉玺，恐怕无论如何都无法用和氏璧雕琢而成吧。

原文选读

《史记·廉颇蔺相如列传》选段

秦王饮酒酣，曰："寡人窃①闻赵王好音，请奏瑟。"赵王鼓瑟。秦御史前书②曰"某年月日，秦王与赵王会饮③，令赵王鼓瑟"。蔺相如前曰："赵王窃闻秦王善④为秦声，请奏盆缻⑤秦王，以相娱乐。"秦王怒，不许。于是相如前进缻，因⑥跪请秦王。秦王不肯击缻。相如曰："五步之内，相如请得以颈血溅大王矣！"左右欲刃相如，相如张目叱之，左右皆靡⑦。于是秦王不怿⑧，为一击缻。相如顾⑨召赵御史书曰"某年月日，秦王为赵王击缻"。

注解

①窃：私下里。②书：书写，记录。③会饮：一起饮酒。④善：善于，擅长。⑤缻：同"缶"，盛放酒浆的瓦器。⑥因：趁机，趁着。⑦靡：倒下，退下。⑧怿：开心，高兴。⑨顾：回头。

18. 廉颇、赵奢、李牧

赵惠文王在位时，东掠齐地，西拒强秦，还平定了边境地区的北方游牧民族。赵惠文王知人善任，廉颇、赵奢等良将都被委以重任，国力达到鼎盛。然而他去世不久，赵国便在长平之战中大败，虽然李牧一度力挽狂澜，但终究难挡颓势。通过《廉颇蔺相如列传》《赵世家》等篇，一起了解这些赵国将军们的故事。

老将廉颇

赵惠文王时，廉颇为将，屡战屡胜，名震天下，被拜为上卿。廉颇自己以军功博得地位，起初看不起蔺相如，认为他只是能说会道而已。后来，他被蔺相如的无私大度所感动，立刻放下成见，负荆请罪。从此，两人冰释前嫌，将相和睦，共同成就了赵国的鼎盛时代。

赵惠文王去世后，赵孝成王继位。没过几年，秦国大军压境，秦赵在长平对峙。当时大将赵奢已死，蔺相如病重。赵王任命廉颇为将，廉颇经过几次试探交锋后，采取了坚壁不出的防守策略。秦赵两国相持三年，两国的国力都被消耗到了极限。年轻的赵孝成王随即中了秦人的反间计，将廉颇撤职，替换上缺少经验、只会纸上谈兵的赵括。赵括完全不是秦将白起的对手，他放弃了坚守策略，导致赵军长平大败。

赵国主力被灭，秦军顺势包围了赵都邯郸，廉颇全力防御，苦苦支撑，后来在魏楚联军的支援下，邯郸终于解围。但不久燕国又趁机侵赵，廉颇临危受命，奋起反击，不但杀死燕军主将，而且还率领赵军攻入燕国，包围了燕都，迫使燕国割地求和。可见，赵国虽然在长平之战中丧失了有生力量，但赵军的战斗力依然强大，其中也离不开老将廉颇的指挥。

赵悼襄王继位后，任命乐乘取代了廉颇的大将军之位。廉颇一气之下，打跑了乐乘，自己却也畏罪逃去魏国。过了好几年，廉颇并未得到魏王重用，他很想回赵国。赵王此时也想重新任用廉颇，只是有点担心廉颇年事已高，于是派使者前往魏国探看廉颇。赵王的宠臣郭开是廉颇的仇人，他害怕赵王重新起用廉颇，于是买通使者，让他回报时诋毁廉颇。廉颇见到使者，故意一顿饭吃了一斗米、十斤肉，还披挂上马，以此显示自己还能担当重任。使者却向赵王报告说："廉将军虽然年纪大了，但饭量还很好，只是跟我会面的一小段时间里，就连续去厕所拉了三次屎。"赵王由此认定廉颇已经年老体衰，便没有召他回国。后来楚王派人把廉颇从魏国迎到了楚国，任他为将，但廉颇并没有为楚国立下什么战功，最终在楚国的寿春去世。在去世前的几年里，身边的人经常听到廉颇叹息："我还是想要指挥赵国的士兵啊。"

勇将赵奢

赵奢原是赵国征收田赋的官吏。平原君赵胜是赵惠文王的弟弟，他的家臣仗着自己主人是赵国宗室，拒绝缴纳田赋。赵奢按照法律办理，杀了九名管事的人。平原君知道后很生气，想治赵奢的罪，赵奢对他说，作为赵国贵族纵容家臣不缴赋税，那么民众也会仿效，这样会削弱国力，赵国如果被灭，那么赵国的宗室也享受不到荣华富贵了。平原君听了他的话，觉得赵奢很有才干，将他举荐给了赵惠文王。赵奢于是掌管了全国的赋税，在他的治理下，赵国国库充足，民众富裕。

这一年，秦国进攻赵国要地阏（yù）与，如果被攻克，将直接影响赵都邯郸的安危。赵王想派兵救援，但将军廉颇、乐乘都表示阏与路途遥远，地势狭长险峻，无法施救。赵奢却说，阏与地势狭长，在其间作战，就像两只老鼠在狭小的洞穴里争斗一样，勇猛的一方将获胜。赵王于是任命赵奢为将，率军救援阏与。

出邯郸仅仅三十里后，赵军便下寨并修建防御工事，赵奢下令谁胆敢催促行军就将谁正法。此时，秦军为阻挡来援的赵军，分派军队前来进攻武安，武安城离赵奢军营很近，秦军攻城呐喊声震天，有军士向赵奢进言应马上救援武安，赵奢却按军令将他正法。赵奢的部队整整驻扎了二十八天，一直加建防御工事，秦军将领都以为赵军害怕了，不敢远道施救而只想守住邯郸。不料，赵奢忽然下令主力卸下铠甲，轻装急行，只用了两天一夜的时间，就赶到了阏与。攻打阏与的秦军没想到赵军这么快赶来，他们策动全军进攻，准备打赵军一个立足未稳。赵奢军中有一位叫许历的军士，冒着违反军令的危险，向赵奢进言应战的策略，他建议先占领北山，用优势地形迎战。赵奢同意他的观点，派一万兵力占领北山。果然，赵军在高处打退了秦军的连番进攻，并乘胜追击，阏与得以成功解围。赵奢凯旋后被封为马服君，与蔺相如、廉颇同等地位。

纸上谈兵

十一年后，秦赵在长平对峙。此时，赵惠文王、赵奢都已去世，廉颇在前线采用坚壁策略，但赵国却有不少人认为他退缩胆小。秦国趁机派人潜入赵国散布谣言，说秦军只害怕马服君的儿子为将。马服君就是赵奢，他的儿子名叫赵括。赵孝成王中计，真的准备让赵括取代廉颇指挥作战。蔺相如得知后，顾不得自己病重，竭力劝阻赵王："赵括只会读兵书，他缺乏实战经验，不懂得如何灵活应对。"赵王不听，仍然任命赵括为将。

赵括的母亲也不赞成让赵括指挥，她说："赵括从小熟读兵书，谈论起兵法来，恐怕全天下的人都不是他的对手。赵奢活着的时候，经常和儿子谈论兵法，每次都难不倒他，但他父亲从来不夸赞他。我问他缘故，赵奢说：'打仗事关生死，赵括说起来却非常简单，以后如果用他为将，赵军恐怕会一败涂地。'"赵括即将受命出征时，赵括母亲写信劝谏赵王："赵括不能为将，他虽然是马服君的儿子，但父子两人完全不一样。当初赵奢为将，与军官们称兄道弟，打成一片，拿到赏赐全都分给大家；而赵括一做将军，军官们都不敢抬头看他，他得到赏赐全都藏在自己家里，有了钱财到处看地买屋，大王您觉得他的志向像他父亲吗？"赵王不听，于是赵母请求赵王，万一赵括兵败被罚，不要株连她，赵王答应了。

赵括一到前线，将廉颇原先的部署全部更换，此时秦军已经秘密地派白起指挥前线。白起施计将赵军引出再断其粮道，并将赵军分割为二。赵军被断粮四十多天，终于支撑不住了，赵括在率领军队冒死突围时被箭射死。赵军失去主将指挥，迅速崩溃，四十万士兵投降，最后全部惨遭杀害。

长平之战以秦军的胜利告终，赵国在这一场决定性的战役中，前后共损失四十五万人。经过赵武灵王的改革和赵惠文王的励精图治，赵国积累的军事力量瞬间灰飞烟灭，赵国元气大伤，再也无法和秦国抗衡。赵括兵败身亡后，赵孝成王赦免了赵括的母亲，但他自己的罪责该如何得到宽赦呢？

边将李牧

李牧原先是赵国北方边境地带的将军，驻守在代地的雁门郡防御匈奴。李牧既有任命官员的权力，又能支配当地的赋税全部用于军费，因而士兵们的待遇很好。李牧经常宰牛犒赏他们，鼓励大家勤于训练。李牧对付匈奴有一套独特的策略，他安排兵士四处侦查，一旦匈奴入境，立刻点燃烽火，军队迅速退回据点固守，但不许出战。这种策略运用了好几年，匈奴和边地的军民都觉得他胆小怯懦，赵王一气之下撤了他职务。代替李牧的将军倒是十分勇敢，可惜赵军和匈奴战斗的结果，都是输多赢少，边地军民损失很大。无奈之下，赵王重新任用了李牧。

李牧上任后，继续用他的老办法。匈奴确信李牧是个"缩头乌龟"，不敢跟他们交锋。而士兵们继续被李将军养得壮壮的，每天练射箭，练骑马，练阵型，可就是不打仗，大家只能暗暗憋足了劲。李牧觉得物资、军力、士气各方面时机都成熟了，于是精选了战车一千三百乘，骑兵一万三千人，精兵五千名，善射的步兵十万名，准备发动总攻。李牧故意将牛马放养在草原上，引诱匈奴集结大部队前来掠夺，然后埋伏主力进行包抄，出其不意完成了围攻，匈奴措手不及，被杀得大败，李牧乘胜扫荡北境，灭敌无数。此后十年，匈奴都不敢接近赵国的边境。

赵悼襄王继位后，廉颇被逼离开，赵王将李牧从边地调来进攻燕国，李牧率领以边军为主的赵国军队攻城拔寨，屡立战功。十年后赵悼襄王去世，赵王迁继位。此时，天下已经没有可与秦国抗衡的力量，但李牧的赵国边军却连续挫败了秦军的进攻，李牧也因而被封为武安君。李牧是赵国的中流砥柱，但赵国因为连年用兵，又遭遇天灾，十分虚弱，而秦军的攻势丝毫不见停歇。秦将王翦率军进攻邯郸，他认为只要李牧一日为将，秦军便无法取得速胜。于是秦国重金收买了赵王的近臣郭开，以诋毁李牧。赵王迁听信谗言，派人取代李牧，李牧深知赵国危在旦夕，拒绝接受王命，竟然惨遭捕杀。

李牧死后，赵国再也没有可以抵挡秦军的良将了，也再也没有人能阻挡秦军东进的步伐，王翦很快攻下邯郸，赵王迁被俘。虽然赵国的公子嘉逃到代地称王，又坚持了几年，但最终秦军攻破了代地，俘获了公子嘉，赵国彻底灭亡。

文化常识

廉颇吃的什么肉？

在本篇老将廉颇的故事中，奸臣郭开买通使者，诋毁廉颇，最终使他无法为赵国效力，廉颇在"我思用赵人"的悲叹中客死他乡。我们在为廉颇感伤的同时，也不禁会有一些好奇：老将军为了证明自己尚能用，在使者面前"为之一饭斗米，肉十斤，被甲上马"，一顿饭吃一斗米、十斤肉，不管当时赵国的度量衡是怎样的，这饭量都相当惊人。《史记》中的记述应该也是有夸张的成分吧。不过，我们可以就此了解一下战国时古人的肉食。

春秋战国时期，对于普通人而言，肉并不像现在一样想吃就能吃。《左传》中鲁国人曹刿有句话说"肉食者鄙"（有权位的人目光短浅），所谓肉食者就是能够吃肉的贵族阶层，所以平民日常吃肉的机会应该不多。廉颇是将军，所以他日常吃肉不成问题，但他吃的究竟是什么肉呢？

春秋战国时期牛、羊、猪被称为三牲，祭祀或宴会时，规格最高、三牲齐备被称为"太牢"，只用羊或猪称为"少牢"，后来也专称牛为"太牢"，羊为"少牢"，可见三牲中牛是最珍贵的。牛是非常重要的农业生产工具，饲养一头牛的周期比猪、羊都要长，成本也最高，因此古人不轻易杀牛，牛在农业社会中是受保护的。猪、羊、鸡、狗则是比较常见的肉食，《孟子》中说"鸡豚狗彘之畜，无失其时"，古人将大猪称为"彘"，小猪称"豚"，小羊称"羔"。根据《史记》中的记载，当时的人也常食狗肉，高渐离就是一名"狗屠"，即杀狗的屠夫。另外，熊掌也是君王们爱吃的美食，《孟子》中就有著名的"鱼与熊掌不可兼得"的论述。古人对于肉食的烹饪手法也有很多，鼎最早就是用来煮肉的器皿，"胹""烹"等很多字都是煮、炖的意思。另外，烤也是常见的方法，炙、燔都是用火烤的意思。

所以，廉颇老将军究竟吃了十斤什么肉，《史记》中没有记载，我们也只能通过一些拓展阅读进行探究和猜想。从数量和普遍性来说，猪肉最为可能，当然，每个人的喜好不同，可能得出的答案也会不一样，但以我们现代人保护野生动物的理念来看，我们希望他吃的绝不是熊掌。

 原文选读

《史记·廉颇蔺相如列传》选段

廉颇居梁[①]久之，魏不能信用[②]。赵以数困于秦兵，赵王思复得廉颇，廉颇亦思复用于赵。赵王使[③]使者视廉颇尚可用否。廉颇之仇[④]郭开多与[⑤]使者金，令毁[⑥]之。赵使者既见廉颇，廉颇为之一饭[⑦]斗米，肉十斤，被[⑧]甲上马，以示尚可用。赵使还报王曰："廉将军虽老，尚善饭，然与臣坐，顷之三遗矢[⑨]矣。"赵王以为老，遂不召。

注解

①梁：这里指魏国。用魏国的都城大梁代称魏国，因而有时魏王也被称为梁王。②信用：信任并重用。③使：派遣。④仇：仇人，仇家。⑤与：送给，赠与。⑥毁：诋毁。⑦一饭：一顿饭。⑧被：同"披"，覆盖在肩背上。⑨矢：同"屎"。

19. 穰侯、白起

　　白起是长平之战的秦军主将，也是战国时代最著名的战将之一，他身经百战，杀敌无数，为秦国立下了汗马功劳。穰侯魏冉是向秦昭襄王举荐白起的人，他也曾为嬴稷夺得王位立下大功。魏冉和白起都曾是秦昭襄王的左膀右臂，但他们的结局却都令人唏嘘。

秦王的舅父

　　秦武王绝膑而死，没有留下子嗣，他的兄弟们立刻陷入了争夺王位的激烈斗争中。嬴稷是秦武王同父异母的弟弟，当时他正在燕国做人质，由于得到赵武灵王的支持，被迎回秦国继承王位。嬴稷的母亲芈（mǐ）八子来自楚国，魏冉是芈八子的弟弟，也就是嬴稷的舅舅，由于魏冉手握重兵，他成为嬴稷夺得并巩固王位的坚强后盾。嬴稷被扶立为秦王之后（即秦昭襄王），芈八子号称宣太后，太后和魏冉利用手中的权力进行了残酷的宫廷清洗，将所有对王位构成威胁的王族势力斩尽杀绝。

　　秦昭襄王继位时年纪尚轻，实际上由宣太后掌权，而魏冉执掌兵权。秦王成年加冠后亲政，此时原先的国相樗里子已经去世，孟尝君、楼缓等人相继为相，但秦王最信任魏冉，几度任他做相国。魏冉慧眼独具，提拔重用了在军队中崭露头角的白起，白起也不负所望，迅速成为秦军最锐利的常胜将军，不断为秦国攻城夺地。期间，秦王将穰地封给了魏冉，因而魏冉号称穰侯，秦国夺得天下最富庶的陶邑后，穰侯又如愿获得陶邑作为自己的封邑。

富可敌国的穰侯

穰侯受封后继续建功立业，在近四十年里都是秦王最信任的人，是秦国最为显赫的权臣。穰侯的封地越来越大，财富也在不断增多，在外交和战事中，其他诸侯国唯穰侯马首是瞻。这一时期，宣太后的另一位弟弟华阳君芈戎，秦昭襄王的弟弟高陵君、泾阳君等，个个都富可敌国，生活奢靡，这已经偏离了当初商鞅变法力图为君主集权的初衷。此时，秦昭襄王起用魏国人范雎，在范雎的提醒下，秦昭襄王意识到穰侯等"四贵"的危害，立即开始着手处理这一潜伏的危机，他果断罢免了穰侯的相位，命令穰侯、泾阳君等迁出关外，回到自己的封地去，不再任用他们。

当穰侯出函谷关时，他装满珍宝钱财的车子达一千多辆，浩浩荡荡。穰侯此后就定居在封地陶邑，并最终在那里去世，再也没有回过咸阳。

长平的绝唱

白起是穰侯提拔的，两人关系密切。白起的军事天赋在一场场残酷的战争中发挥得淋漓尽致，当然这是从任用他的秦国而言，而在其他六国眼里，白起是一个可怕的名字，是战场上的死神和屠夫，被称为"人屠"。秦昭襄王时代的几次大战役，几乎每一次都看得到白起的身影：伊阙大战，斩首韩、魏联军二十四万；鄢郢之战，攻克楚都，焚烧楚王祖先陵墓；华阳之战，大破赵魏联军，斩首十三万……白起累积军功，不断加官晋爵：左庶长、左更、国尉、大良造，攻克楚都之后，又被封为武安君。然而最令天下震恐的战役，也是白起的最后一战，就是长平大战。

长平大战的起因是秦国进攻韩国，韩王准备割让上党地区求和，但是上党太守冯亭不想投降秦国，他选择将上党全部城邑献给赵国，希冀赵国保护上党，对抗秦国。赵孝成王征询众臣的意见，平阳君赵豹反对接收上党，认为此举是引火上身，而平原君赵胜赞成接收，他认为不费一兵一卒白得十七座城邑，这是天赐良机。最后，赵国接受了上党。两年后，秦国派将军王龁进攻上党，赵国军队于是驻守长平防御，秦军进而攻击长平，长平大战爆发。

秦国用反间计，让赵王用赵括替代了廉颇指挥作战。赵括刚上任，秦国立即派白起秘密赶赴前线指挥，为了不让赵军警觉，秦王下令全军不准泄露白起上任的消息。此时，秦国在外交方面也完成了孤立赵国的工作，没有一个国家支援赵国。

白起派部下诈败回营引赵军追击，当赵军猛攻不下时，白起令二万五千人的精锐切断了赵军的后路，同时令五千人的部队楔入赵军之中，把赵军分割为二。赵括发现中计，但无法突围，粮道又被断绝，于是被迫下令筑造防御工事等待援军。此时，秦王听说赵军粮道被断绝，他意识到成败在此一举，立即下令征调前线河内地区的所有人力，百姓各赐民爵一级，并将十五岁以上的人全数派往前线增援，确保阻断赵国的支援。赵军断粮被困四十六天后，饥饿的士兵开始私下里残杀相食，全军面临崩溃，赵括眼见形势危急，亲自率领精锐突围做困兽之斗。然而，赵括在突围之时被射死，赵军很快溃败，四十万赵军全部投降，秦军获得了长平之战的最终胜利。

如何处理这四十万赵军呢？鉴于当初上党地区的军队明明已经投降秦国，后来又转而投降了赵国。白起也担心赵国的士兵反复无常，他决定把这些降卒全部杀死。于是，四十万赵军被骗入圈套，全部遇害，只留了二百四十名年龄尚小的士兵被放回了赵国。长平之战，秦军前后共杀了四十五万人，赵国恐惧，天下震惊。

自刎的武安君

长平之战后一年，秦军又兵分两路继续进攻赵国，白起坚信乘赵国虚弱时，可以一鼓作气灭赵。这时候，有人对范雎说，一旦白起成就了灭赵的功业，他的地位一定会超过范雎。为了阻止白起继续立功，范雎谏言秦王接受了韩、赵割地求和，并以秦军需要养精蓄锐为由，命令白起撤军。从此，白起和范雎之间的矛盾不断加深。

秦国再次发兵围攻赵都邯郸时，白起恰巧生病，没能参与战役，而秦将王陵久攻不下。不久，白起病好了，但他认为此时围攻邯郸的局势对秦军不利，因而托病不出，秦昭襄王派范雎去请武安君出征，也被白起拒绝了。不久，魏国的信陵君、楚国的春申君派出军队救援赵国，秦军在赵军和援军的里外夹击下大败。白起知道秦军战败后说，他早就预测过此战必败，可惜秦王不听自己谏言。秦王听说后勃然大怒，强制命令白起出征，白起因为病重再一次拒绝执行命令。秦王于是剥夺了白起的所有爵位，将他贬为普通士兵并把他发配去阴密，白起病重无法前往。

过了三个月，秦王派士兵强行将白起遣送出咸阳，白起离开咸阳，到了西门外十里的杜邮时，他接到了秦王派人送来的一柄剑。原来，秦王知道白起对他心怀怨恨，终于下决心赐他一死。白起自刎前抽出剑仰天长叹道："天啊，我究竟做错了什么事情，会落到如此下场？"沉默了良久，他喃喃地说："我的确该死，长平之战时，我将四十万降卒悉数杀死，就凭这一条，我就该死！"白起就这样自刎了。

魏冉和白起，为秦昭襄王创下了不世之功，然而他们的结局都令人唏嘘，一个罢相，一个自裁。由此可见，无论出身王族还是布衣，任何人都无法挑战秦王的权力，他们在战场上为秦国的统一大业扫清了道路，而他们自身却也成了秦王权力之路上需要扫除的阻碍，值得一提的是，他们在权力斗争中遭遇的共同敌人就是秦相范雎。

文化常识

战国富庶之地——陶邑

魏冉虽号称穰侯，但他最重要的封地是陶邑。陶邑（今山东省菏泽市定陶区），原先是西周主要诸侯曹国的都城陶丘，后来宋灭曹，因而春秋晚期至战国时陶邑归属宋国。

随着社会生产力的提高、商业与城市的发展以及人口的增加，陶邑在春秋时已是天下闻名的富庶之地。春秋晚期，越国大夫范蠡功成身退，最后隐姓埋名居住在陶，自称陶朱公，他为何选择这里呢？《越王勾践世家》中记载："以为此天下之中，交易有无之路通，为生可以致富矣。"原来，陶朱公认为陶邑是"天下之中"，交通四通八达，有利于行商做生意，最后他也果然在此发家致富，很快"致赀累巨万"。

如果观察战国地图，可以发现陶邑的位置确实处于中原腹地，东连齐鲁，西通韩魏，北面是商业发达的卫国，而且陶邑的水路交通也非常便利，通过船只可以将大宗货物向西一直运往秦国，向南运往吴越之地。凭借得天独厚的交通优势，陶邑成为当时天下最为富庶的城邑之一，商业繁荣，人口众多。拥有陶邑，意味着不仅拥有了交通要道和众多人口，而且可以征收到数目可观的商业税收、交通关税等，正因如此，它也成了各国觊觎的肥肉。

　　齐湣（mǐn）王经过长久的准备后，终于攻灭了宋国，但赵、秦、魏等国不容许齐国独吞宋，因而很快组成五国联军进攻齐国。推动五国伐齐的权贵人物包括赵国的李兑、秦国的魏冉等，他们都想将陶邑占为己有。后来秦国率先攻取了陶邑，穰侯魏冉如愿将它作为自己的封地。魏冉拥有陶邑之后，很快积累了巨大的财富，但他的私心也越来越盛。《穰侯列传》中记载他率领秦军展开军事行动时，往往先考虑自己封地陶邑的利益，比如越过韩魏进攻齐国，就是为了扩大陶邑的领地。范雎向秦王及时地指出了这一点，认为穰侯为首的"四贵"就像齐国的孟尝君田文一样，他们都只为自己的利益打小算盘，心里根本没有君王，所谓"御下蔽上，以成其私，不为主计"。秦王恍然大悟，终于痛下决心，将穰侯等赶回封地，不再予以重用。

　　穰侯在陶邑得以善终，但等他一死，秦国就收回了这块封地，并设置了陶郡。不久，魏国趁着秦国从邯郸败退，夺取了陶邑，同时吞并了卫国，将天下最富庶之地尽收囊中，可惜魏国拥有的时间也并不长，随着秦国统一天下，陶邑重又归秦，只是这一次它不再只是一块飞地了。

原文选读

《史记·穰侯列传》选段

　　太史公曰：穰侯，昭王亲舅也。而秦所以[1]东益[2]地，弱[3]诸侯，尝[4]称帝于天下，天下皆西向稽首[5]者，穰侯之功也。及其贵极富溢，一夫开说[6]，身折势夺[7]而以忧死，况于羁旅之臣⑧乎!

　　① 所以：……的原因。② 益：增加，增多。③ 弱：使……变弱。
④ 尝：曾经。⑤ 稽首：跪拜礼，一般指臣子对君王的跪拜礼。此处指
称臣。⑥ 一夫开说：一个人开始游说。此指范睢游说秦王。⑦ 身折势
夺：地位被降低，权势被夺走。⑧ 羁旅之臣：指客居秦国为臣的人。

20. 范　雎

　　范雎（jū）在魏国受辱遭难，死里逃生来到秦国，得到秦昭襄王的重用，位极人臣。他对外提出"远交近攻"的外交策略，对内主张削弱权贵，强化君权。范雎是秦昭襄王最重要的谋臣之一，在权力巅峰之时，他却能听蔡泽劝说，主动退位，没有重蹈商鞅、吴起等的覆辙。《范雎蔡泽列传》中记录了范雎一波三折、跌宕起伏的人生故事。

范雎成了张禄

　　范雎是魏国人，曾在列国游说，想要侍奉魏王，无奈家里穷没有钱财资助，只能先侍奉魏国中大夫须贾。范雎跟随须贾出使齐国，齐襄王听说他很有辩才，于是赐他黄金和牛肉、美酒。范雎不敢接受，须贾却很生气，他怀疑范雎出卖了情报，不过他仍然命令范雎收下酒肉而将黄金退还。回到魏国，须贾还记恨着这件事，他将此事报告给魏国的国相魏齐。魏齐听后大怒，命人责打范雎，范雎被打断肋骨、打落牙齿、遍体鳞伤，只能装死。魏齐竟让手下用竹席将范雎卷起来扔进了厕所，还让酒后的宾客们对着竹席撒尿，以此侮辱范雎并警示他人。

趁着魏齐酒醉，范雎恳求守卫放了他，范雎脱身后得到郑安平的帮助，将他藏匿了起来，并改名为张禄。后来，秦国派使者王稽出使魏国，郑安平冒充差役侍奉他，并伺机将化名张禄的范雎推荐给了王稽。王稽非常赏识范雎的才能，回国时偷偷带上了他。

王稽一行在回咸阳的路上，碰巧遇到巡视中的穰侯魏冉，穰侯怀疑王稽带了魏国的说客回来，但王稽否认了。穰侯的车队刚离开，范雎便从车子里出来，要求步行前往：他预感穰侯一定会再派人来搜查车队。果然，搜查的人不久就到了。范雎因而逃过了检查，会合王稽一起进入了咸阳城。

张禄成了秦相

当时秦昭襄王东破三晋、南克楚都，凭借武力吞并了大片土地，对所谓的游说之士很反感，所以王稽把范雎推荐给他时，秦王完全不感兴趣。

范雎等了一年多，终于争取到了面见秦王的机会。范雎进了宫却走错了路，宦官正在催促责怪他时，秦王驾到，范雎于是故意大声说："秦国哪有大王啊，秦国只有太后和穰侯吧！"秦王并没有见怪，反而屏退了大臣和左右，恭敬地请求范雎给他指点。范雎对秦王说，这么多年来秦国固守函谷关，却没能向东吞并各国，主要是两个原因造成的：一是穰侯的谋划不够尽忠，二是秦王的对外策略存在失误。当时穰侯正在进攻齐国的纲、寿两地，范雎认为这个行动充分暴露了他所说的这两个问题：一方面，穰侯越过魏、韩之地去进攻远方的齐地，看似为秦国开疆拓土，其实是为自己的封地陶邑增加土地，因为这两个地方都在陶邑旁边；另一方面，秦王居然同意进攻远方的国家，这些地方由于离秦国太远，不方便治理，就算秦国打赢了，获利的也是距离较近的其他大国。秦王连忙询问如何采取正确的策略，范雎认为应该"远交而近攻之"，即与远方的国家结交友好，而集中力量攻下邻近的国家，这样，每占领一片土地都能迅速纳入秦国的管理，由此巩固并逐渐扩大战争的成果。经过几次会面后，秦王非常器重范雎，任用他一起谋划远交近攻的策略。之后，秦王不断出兵邻近的魏、韩两国，获得了大片的土地。

秦王对范雎的信任与日俱增，范雎感到时机成熟了，于是私下里向秦王进言应该削弱太后以及"四贵"（穰侯、华阳君、高陵君、泾阳君）的权力，因为他们的权势和财富对秦王构成了巨大的威胁和挑战，如果不及时处理，那么秦国马上也会出现崔杼、李兑那样弑君篡权的乱臣贼子了。秦昭襄王终于认识到，当初帮助自己巩固王位的亲近之人，已经逐渐变成最大的威胁了。于是秦王果断收回了太后的权力，革除了四贵的职务，下令穰侯等出函谷关前往各自的封地，并任命范雎为相国。从此，范雎取代穰侯，成为秦王身边出谋划策的秦相，秦王将应地封给他，范雎从此号称应侯。

秦相成了范雎

范雎在秦国任相，外人都只知道他名叫张禄。这一年，魏国派须贾出使秦国，范雎故意穿了破衣服去拜见他。须贾以为范雎早就死了，所以见到范雎时很吃惊。范雎谎称自己当年大难不死逃到秦国，现在做了人家的雇工。须贾看他穿得寒酸，很同情他，送了他一件粗丝衣袍。须贾向范雎打听是否有朋友认识秦相张禄，因为大家都说张禄深受秦王青睐，他此次出使能否成功，完全要仰仗张禄的决定。范雎说自己的主人熟悉张禄，自己也拜见过他，可以帮忙引荐。须贾听了很高兴，但是他的马车坏了出不了门，范雎称可以帮他借一辆四马大车。

不久，范雎驾了一辆大车接须贾去见张禄，他们进入秦相的府邸，相府里的人看到相国在为人驾车，都大惊失色，纷纷避开，而须贾却不明就里。到了门口，范雎对须贾说："您在此等候，容我进去通报一下秦相。"须贾拽着缰绳在门口等了很久，没见范雎出来，于是他问门人："范叔怎么进去很久都没有出来？"门人回答："不认得什么范叔。"须贾纳闷了："就是刚才帮我驾车过来的那个人。"门人说："那位是我家的相国啊！"须贾大惊，知道被范雎戏耍了，赶紧脱下衣服，光着上身一路膝行，让门人引着向范雎谢罪求饶。此时范雎坐在巨大华丽的帷幕后，众多侍从簇拥左右，须贾则跪在地上磕头如捣蒜，连称自己犯了死罪。范雎问他犯了什么罪，须贾说自己罪状太多，拔下头发都不够数。范雎厉声道："你总共犯了三宗罪：第一，你诬陷我出卖魏国，并在魏齐面前说我坏话；第二，魏齐毒打我，把我扔在厕所里侮辱我，你没有阻止他；第三，你酒后和那些宾客一起在我身上撒尿，你怎么忍心这么做？但是，我之所以免了你的死罪，是因为你看到我寒酸，还知道送一件粗袍给我，说明你记着这点老交情，所以我饶了你。"须贾连连磕头谢过。范雎随后把这件事情报告了秦王，秦王便打发须贾回国。

须贾回魏国前，来向范雎告辞。范雎特意举行了盛大的宴会，邀请在咸阳城里的各国使节，大家都坐在厅堂上，有美酒美食招待。唯独魏国使者须贾被安排坐在堂下，他的前面是一槽掺杂了豆子的草料，左右两边站着脸上刺字的受过刑的奴仆，让他们像喂牲口一样伺候须贾。范雎对须贾说："回去告诉魏王，让他赶紧把魏齐的头献来，否则……看我屠灭了大梁。"须贾狼狈地回国向魏王报告。魏齐知道范雎就是秦相张禄后，非常害怕，连忙逃出魏国，投奔了赵国的平原君。

秦昭襄王想要为范雎报仇，他邀请平原君来秦国会面，借机扣留了他，让他把魏齐交出来，平原君谎称魏齐不在他那儿。秦王又派人向赵王索要魏齐，赵王立即派兵搜查平原君府邸，魏齐慌忙连夜逃出，向赵相虞卿求救。虞卿挂了相印，带着魏齐从小路逃到魏国，投奔以仁义闻名的信陵君，希望他协助安排逃往楚国。但是信陵君听说后有些迟疑，没有立刻接见他们，魏齐绝望之下愤然自杀了。信陵君此时非常后悔，而赵王则很快派人取得魏齐首级献给了秦王。魏齐一死，范雎也终于大仇得报。

蔡泽成了秦相

范雎有仇报仇，有恩报恩，当年救过他的郑安平被任命为将军，王稽被拜为河东郡守。过了些年，秦赵长平之战爆发，范雎巧用反间之计，使得赵王革除廉颇职务，改用赵括，为白起最后的大胜铺平了道路。长平之战后，范雎害怕白起军功太大，对自己不利，所以设计阻止了白起的攻势。但是范雎举荐的郑安平后来作战不力，居然投降了敌军，按照秦律，举荐者同罪，范雎也应被诛灭三族，但秦昭襄王为了保护范雎，命令国内一概不许提郑安平的事。不料，举荐范雎的王稽又犯了通敌罪而被斩，范雎因而闷闷不乐。秦王在上朝时感叹白起已死，郑安平背叛，外敌众多而国内无将可用。他本意是想激励范雎出谋划策，而范雎听了却惶恐不已。

这时，有人引荐蔡泽来见范雎。蔡泽是一名燕国的辩士，此前游说多国没有成功，反而多次受辱，他听说了范雎的处境，于是来秦国游说他。蔡泽用秦国商鞅、楚国吴起以及春秋时期越国大夫文种三人为例，揭示贪慕功名必将身败名裂的道理，劝说范雎引以为鉴，趁早退了相位。范雎起初不能接受，但经过蔡泽的多次劝说后，范雎终于托病退下了相位，并把蔡泽推荐给秦王替代自己。范雎退位后不久便生病去世，蔡泽也仅仅为相几个月就辞位了，不过，他在秦国继续担任其他官职十多年，前后侍奉过四位秦王，一直到秦王政的时代。

太史公评价范雎和蔡泽说，这些善辩之士真是符合长袖善舞、多钱善贾的道理。天下有众多像他们这样能说会道的辩士，但有些人到老都没能取得功名，这或许并非他们的计策不行，而是他们说得还不够努力。范雎和蔡泽能够在秦国获得成功，也许是因为他们顺应了时势，但更重要的或许是他们正巧获得了机遇。然而归根结底，没有遭遇先前的那些困厄，也许范雎和蔡泽就激发不出自己的斗志和才能了吧！

文化常识

绨袍是什么衣服？

在范雎的故事中，须贾出使秦国时，范雎微服去见他，须贾见到范雎的寒酸相，感叹"范叔一寒如此哉！"于是送了他一件绨袍。那么，绨袍是什么样的衣服呢？

战国时代各国的纺织技术竞相发展，各有特色，但材质主要还是麻和丝，麻织品称为布，丝织品称为帛或缯。布一般质地较粗，价格也低，平民百姓多穿着布做的服装，因而也称平民为"布衣"。丝织品质地细腻精良，而且会加上漂亮的花纹，因而价格昂贵，一般只有达官贵人才能享受得到。但丝织物中也有比较粗糙的，比如范雎故事中的绨袍。绨袍是粗缯制成的衣服，比普通的布可能柔软一点，算是丝织品中的"基本款"。从故事中须贾随手取来赐给范雎的举动来看，绨袍并不是什么珍贵的衣物。然而，正是这一举动，表露了须贾对范雎仍有旧交情，最终使范雎对他网开一面。

除了布和帛之外，值得一提的还有裘，也就是用动物的毛皮做成的衣物，是古人御寒时穿着的。一般百姓用羊、狗毛皮做裘，而贵族穿珍贵的羊羔、狐狸等制成的裘。《史记·赵世家》中有一句"千羊之皮，不如一狐之腋"就是形容再多的俗物都抵不上真正的精品。也有一个成语"集腋成裘"，指用狐狸腋下的皮毛积少成多，最终可以做成一件裘衣。以上两个典故似乎都从侧面证明了狐狸腋下的皮毛是极为珍贵的裘衣材料。而在《史记·孟尝君列传》中，"孟尝君有一狐白裘，直千金，天下无双"，可见是一件非常稀有的狐裘，孟尝君最后靠进献这件狐裘才得以从秦国逃脱，只是我们不知道这件狐裘究竟是不是用千狐之腋制成的。

　　富贵的人有千金之裘，而贫苦百姓可能连一件布衣都没有。《史记·游侠列传》中有一个词"褐衣蔬食"，其中褐衣指的是用粗毛或粗布制成的劣等的衣服，一般只有穷苦的人才会穿着，因而把这类人称为褐衣或褐夫。"褐衣蔬食"是指穿劣等衣服吃寡淡的蔬菜，形容生活非常窘迫。不曾料到，在物资极为丰富的今天，很多人因为各种"富贵病"而提倡吃粗粮，或也因为皮毛、丝绸材料浪费自然资源，而提倡穿最简单的棉质衣服，这倒真像回归两千多年前褐衣蔬食的古朴生活了。

原文选读

《史记·范雎蔡泽列传》选段

　　范雎闻之，为微行①，敝衣间步之②邸，见须贾。须贾见之而惊曰："范叔固无恙乎！"范雎曰："然。"须贾笑曰："范叔有说③于秦邪？"曰："不也。雎前日得过④于魏相，故亡逃至此，安敢说乎！"须贾曰："今叔何事⑤？"范雎曰"臣为人庸赁⑥。"须贾意哀之，留与坐饮食，曰："范叔一寒⑦如此哉！"乃取其一绨袍⑧以赐之。

注解

　　① 微行：掩藏身份乔装出行。② 之：前往，到。③ 说：游说。④ 得过：得罪，获罪。⑤ 何事：做什么事，从事什么。⑥ 庸赁：雇工，指受雇于人，替人办事。⑦ 寒：寒酸落魄。⑧ 绨袍：粗丝做的袍。

21. 秦昭襄王

　　秦昭襄王嬴稷，享年七十五岁，在位五十六年，如此长寿且有作为的君王，在中国历史上非常罕见。当他去世时，秦国统一天下的趋势已经无可撼动。如果把这一过程比作一次马拉松，秦始皇无疑是最后冲刺和到达终点的那个人，而在他之前半程以上的距离，可以说是由秦昭襄王完成的。虽然在《史记·秦本纪》中秦昭襄王的记录极为简单扼要，但在《楚世家》《穰侯列传》《白起王翦列传》《范雎蔡泽列传》《廉颇蔺相如列传》等诸多篇章中都有秦昭襄王的相关叙事。综合以上各篇，让我们从对手、臣属以及秦王自身三个角度，共同勾勒出秦昭襄王及其漫长的统治时代。

对手的绝望

　　崤山以东的六大诸侯国在不同阶段此强彼弱。战国初期魏国最强，但魏国处于四战之地，多线作战，顾此失彼，在马陵之战中败给齐国后，慢慢退出了强国行列；之后齐、楚、秦三足鼎立，楚国连续在丹阳、蓝田大败于秦，国力受损；之后齐、秦东西两强互相称帝，但齐国灭宋后即遭五国联军讨伐，齐军在济西之战中大败，乐毅趁势横扫齐境，虽然田单最后力挽狂澜，但齐国的衰落无可避免；此时，赵国经过赵武灵王的改革后异军突起，成为东方唯一有实力独挡秦军的强大力量，然而长平一战，白起将这股力量彻底埋葬，赵国再也无力阻挡秦国东进。此后，已经衰落的东方六国继续互相征伐，秦国却按照远交近攻的策略，步步为营，不断蚕食各国领土，逐步为统一扫清了道路。在以上过程中，那些遭遇了秦昭襄王的对手们，往往都是绝望的。

楚怀王被秦惠文王击败，被张仪诓骗，等秦惠文王、秦武王先后去世后，楚怀王面对母亲是楚国人的秦昭襄王，两国迎来短暂的蜜月期。然而没过几年，秦昭襄王背信弃义，竟然在武关会面时扣留了楚怀王，最终导致他在秦国凄惨死去。

齐湣王曾是秦昭襄王最大的竞争对手，两国时而结盟，时而互攻。齐、秦都自认为强过其他各国，因而秦昭襄王、齐湣王不屑称王，而互称东、西帝，虽然仅仅一个月后就先后撤帝，但两国妄图吞并各国的野心暴露无遗。然而齐湣王好大喜功，穷兵黩武，企图灭宋吞地，被秦国趁机联合各国大举伐齐。五国伐齐后，燕国不依不饶，派乐毅扫荡齐地，傲慢的齐湣王也终于死在了莒城，一度强盛的齐国从此一蹶不振。

赵武灵王是秦昭襄王的恩人，秦武王死后，正是在他的斡旋下，在燕国做人质的公子嬴稷才得以回国继位。因而嬴稷继位后，与赵国保持了一段时间的和平。赵武灵王困死沙丘之后，赵国仍很强大，赵惠文王时期更有蔺相如、廉颇、赵奢等能臣良将的辅佐，屡次挫败秦国的进攻。赵孝成王继位后，他面对的仍然还是那位老辣的秦昭襄王。长平一战，赵国终于露出了破绽。在这一场秦赵两国赌上国运的大战中，秦国就像一架精密的战争机器，秦将白起前方用命，秦相范雎敌后反间，而秦王则在关键时刻，亲赴前方，用官爵动员河东地区所有民众，尽发十五岁以上有生力量赶往前线，将这致命一击的机会紧紧地抓在手上。秦昭襄王是这场战争真正的操控者，而对手在他面前显得如此稚嫩和青涩，赵孝成王贸然换用一个主帅，不料却换来了四十万赵军的绝望。

至于韩、魏这两个毗邻秦国的国家，他们从秦国的心腹之患慢慢变成嘴边之肉。秦国不断地发兵攻打韩魏，伊阙之战、华阳之战、长平之战，仅仅这三场大战，韩魏赵三晋的军队就被歼灭了八十多万人，韩魏逐渐丧失了抵抗能力，不断被打败、被屠杀、被吞地，他们只能绝望地等待被完全吞并的那一天。

至于周天子，就连形式上的天子也做到了头。秦昭襄王在位的最后几年，吞并了当时从周室分裂后的西周国，象征天子权力的九鼎归秦。立国八百多年的周灭亡了，被当初为他养马的奴仆的后代灭亡了，这个时代没有天子，只有强者。

臣子的悲歌

秦昭襄王即位之初，宣太后和魏冉为巩固其王位，对朝廷的反对势力展开清洗，公子壮及诸多王子、大臣被诛杀，甚至秦武王的母亲秦惠文后都被牵连遭害，秦武王后则逃回魏国。秦武王时的丞相甘茂也遭到了排挤，逃去魏国。

秦昭襄王执政初期，宣太后和魏冉仍然大权在握。樗里子死后，孟尝君田文、楼缓、向寿等都短时间担任过国相，随后魏冉担任了国相，并被封为穰侯，此后虽曾被免职，但又数次为相。魏冉执政时期起用白起，秦国在对外战争中大有斩获，魏冉、白起、司马错及芈戎等屡建军功。然而秦国固守函谷关、对六国占据巨大优势的同时，却没能将这种优势化为决定性的胜利，其原因是以宣太后为核心的权贵把持了巨大的权力，侵吞了秦国的利益。穰侯魏冉、华阳君芈戎是宣太后的弟弟，高陵君、泾阳君是宣太后的儿子，"四贵"的权力扩张、财富积累，是商鞅变法后秦国政治上的倒退。因此，秦王听了范雎的谏言后，将母亲、舅舅、兄弟全部逐出了权力中心。

此后，秦国又成了范雎、蔡泽等布衣卿相的舞台，但他们只是君王的工具，就像之前的商鞅、张仪、甘茂一样，功成名就之时便是兔死狗烹之日，即便为秦昭襄王赴汤蹈火，建立不世之功的白起，也免不了吞下自刭的苦果。范雎、蔡泽不忘前车之鉴，纷纷选择退位以自保。旧的功臣退下了，新的将相又在争相闪耀，可惜秦王也已迟暮，留给子孙的是一个即将一统天下的强大秦国以及触手可及的天子之位。

秦王的壮志

秦昭襄王该如何看待他自己呢？他是秦王，却可以不讲究君王的信义，扣留楚王、扣留平原君、扣留和氏璧……也可以不讲亲情，扶持他上位的母亲、舅舅，最后被他废、被他逐。他又是个胜利者，获得了所有想要得到的胜利，甚至推翻了周天子，向天下昭告大秦将要一统天下的雄心。对他而言，五十六年太短，有太多前无古人的功业等待他去开创，有太多后无来者的功勋等待他去镌刻。他的事迹，只能是一个个年份，以及这些年份里所记录的烽火连天和尔虞我诈。

秦昭襄王元年（公元前306年），樗里子为相，甘茂逃亡魏国。

二年，公子壮及大臣、诸公子叛乱，全部诛杀，惠文后不得幸免，武王后逃回魏国。

九年，孟尝君田文为秦相。

十年，楚怀王来秦国，被扣留。

十一年，五国伐齐。

十二年，穰侯魏冉为相。

十四年，伊阙之战，白起攻韩、魏，斩首二十四万。

十九年，秦王称西帝，齐王称东帝。

二十八年至三十年，鄢郢之战，攻入楚国郢都，火烧夷陵。

三十三年，华阳之战，破魏军，斩首十五万。

四十年，悼太子在魏国去世，遗体运回安葬。

四十二年，九月，宣太后去世，十月，将穰侯等权贵驱逐出函谷关，去各自封地。

四十七年，长平之战，白起破赵军，杀敌四十余万。

五十年，武安君白起获罪，自杀。

五十一年，攻入西周，西周君献出所有城邑。

五十二年，周初亡，周室九鼎归秦。

五十六年，秋，秦昭襄王去世，子孝文王继位。

《秦本纪》中秦昭襄王在位期间几乎每一年都记录了大事件，以上只摘取了其中几年，即便每一年只有一两句话，五十六年合起来也是一长段文字。这一长段文字跨越了战国的整个中后期，这一长段文字充满了明争暗斗和血雨腥风，这一长段文字中的短短几句话可能就涵盖了一整篇"列传"，这一长段文字后面还掩藏着那个模糊的身影——秦昭襄王。英明？狡诈？伟大？残暴？这是一个比秦始皇更加扑朔迷离的人物，值得大家翻看《史记》去寻找属于自己的答案。

 文化常识

在位时间最长的秦王

秦昭襄王嬴稷十九岁时即位，七十五岁时去世，在位五十六年，不仅是秦国历史上在位时间最长的国君，更是战国七雄中在位时间最长的王。秦昭襄王的长寿，在当时人眼里，是一种什么情况呢？

一方面，从六国的角度看秦昭襄王。公元前306年，嬴稷十九岁（元年），他即位时，面对的六国国君是：魏襄王、韩襄王、赵武灵王、楚怀王、燕昭王、齐宣王。此时各国国君都在位六年以上。等到公元前251年，秦昭襄王去世时，六国的国君至少都更替了两轮，曾先后与秦昭襄王同时在位的各国国君数量：3位魏王、3位韩王、3位赵王、3位楚王、5位燕王、4位齐王，六国总计21位君王。秦昭襄王就像常青树一样屹立在西方，而在六国眼里，秦昭襄王可能更像一把常悬在他们头顶的利剑吧。

另一方面，从秦国继任者的角度看秦昭襄王。由于秦昭襄王的长寿，导致后任的秦孝文王嬴柱继位时已经五十四岁，他继位三日后即去世，是秦国在位时间最短的君王。此后其子秦庄襄王继位时三十五岁，但他在位也仅只有三年。所以在秦昭襄王和他的曾孙嬴政之间只隔了四年，在我们后世人看来，这两位雄主简直是无缝连接，好像在统一天下的这场接力赛中完美交棒。

我们经常说"身体是'1'，其他都是'0'"，是否长寿的君王也更有作为呢？中国历代君王中，确实不乏在位时间很长的雄主明君，比如西汉的汉武帝刘彻在位五十四年，清圣祖（即康熙皇帝）在位六十年，等等。但在位时间长却不一定就能创下不世之功，比如战国时期，魏惠王在位五十一年，活了八十二岁，魏国在此期间盛极而衰；又比如春秋时期的齐景公，在位时间五十八年，虽然有晏婴、田穰苴等能臣良将的辅佐，但他却贪图安逸，放任田氏壮大，埋下日后篡权的隐患。与此相反，有些国君在位时间并不长却仍名垂青史，比如晋文公在位仅仅九年，却成了春秋霸主。

所以，秦昭襄王能有如此多的丰功伟绩，长寿只是重要因素之一，但最主要因素还是当时秦国经过了几代国君的文治武功后，正处在不断富强的趋势中，而秦昭襄王积极地顺应了这一趋势，并不断加强。秦始皇和他的曾祖一样抓住了这一历史机遇，正像司马迁引贾谊所说，秦始皇统一天下并非一代人之力，而是"续六世之余烈"。

原文选读

《史记·秦本纪》选段

四十五年，五大夫贲攻韩，取十城。叶阳君悝①出之国②，未至而死。四十七年，秦攻韩上党，上党降赵，秦因攻赵，赵发兵击秦，相距③。秦使武安君白起击④，大破赵于长平，四十余万尽杀之。

注解

①叶阳君悝：叶阳君是封号，悝是名，指公子悝。②之国：前往封国，指叶阳君前往自己的封地。③相距：互相抵抗，对峙。④击：攻击，攻打。

"统一之战"字形：隶书，笔意取自东汉《封龙山碑》。

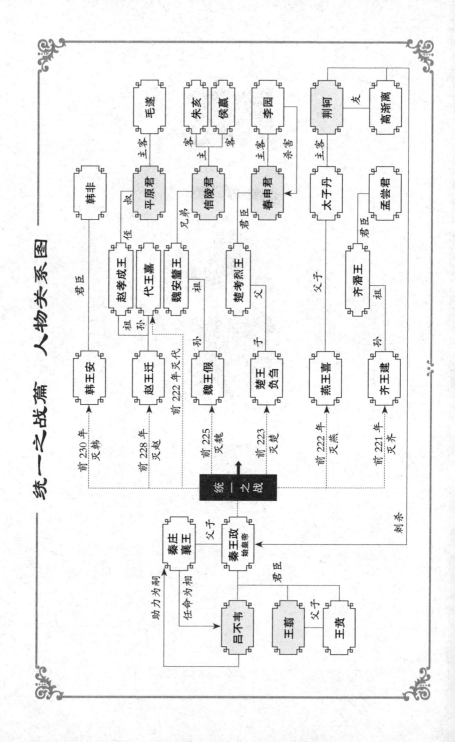

统一之战篇 人物关系图

22. 平原君

　　平原君赵胜，是赵武灵王的儿子，赵惠文王的弟弟。平原君很有才能，曾三度为相，也热衷于养士，门客达数千人。当初上党郡守冯亭献地时，平原君赞成接收，引发了长平大败。秦军包围邯郸三年之久，平原君奔走求援，终于获得魏、楚两国相救，邯郸解围。邯郸保卫战关系着赵国的存亡，而平原君真正起到了中流砥柱的作用。

一郡得失

　　上党郡守冯亭献上十七个城邑时，继位不久的赵孝成王举棋不定，他咨询了两位叔父——平阳君赵豹与平原君赵胜的意见。平阳君说："冯亭献上的不是城邑，而是祸患。秦国发兵攻打韩国那么久，才把上党地区孤立出来，眼看唾手可得了，却被献给我们赵国，秦国怎能善罢甘休，必然发兵攻打我们，这难道不是祸患吗？"赵王听了，不置可否。

　　平阳君走后，赵王又召来平原君赵胜和赵禹，问他们的看法。他们说出与平阳君不同的意见："就算我们发兵百万，经年累月地攻打，也不一定能夺得别人一座城，现在不费一兵一卒，就有人送来十七座城邑，这是天赐良机，不能错过呀！"赵王听了，欣然接受，随即派平原君为使者，前去上党郡接收，并赏赐冯亭三万户的封邑。冯亭却不敢亲自见平原君，他哭着说："我不愿意背上'三不义'的骂名啊：没能拼死保卫上党，这是一不义；没有按照韩王命令投降秦国，这是二不义；献出土地换来封赏，这是三不义。"赵军接管上党后，派将军廉颇驻守。

不久，秦军果然进攻上党，赵军拼死抵抗。最终发生了战国后期规模最大的长平之战，上党的十七个城邑没能守住，赵王反而损失了四十多万士兵。

一笑生死

平原君有门客数千人，与齐国孟尝君、魏国信陵君、楚国春申君争相养士，天下闻名，被后世称为"战国四公子"。他对来投奔自己的人都给予礼遇和保护。魏齐因为得罪过秦相范雎，而被秦国追杀，走投无路时躲在平原君家里，秦王设下圈套扣留了平原君，但他依然没有出卖魏齐。

平原君家的高楼可以俯瞰邻近的民宅。民宅里有一位瘸腿的士人，有一天他一瘸一拐地出门打水，正巧被平原君的一位宠妾在楼上瞧见了，引得她哈哈大笑起来。第二天，这位士人就来拜访平原君，对他说："我听说大人您礼贤下士而轻美色，本人身有残疾，您的侍妾昨日嘲笑了我，我想请您杀了她赔罪。"平原君微笑着答应了。那人一走，平原君就对左右说："这家伙居然因为美人笑了他，就想让我杀美人赔罪，这也太过分了吧。"

过了一年多，很多门客陆续向平原君告辞离开，平原君觉得自己没有亏待他们，不解地问他们离开的原因，有门客告诉他："大人您当初没有杀掉那个嘲笑士人的宠妾，我们都认为您轻视士人而看重美色，所以都准备离开您。"平原君恍然大悟。不久，他便杀了那位侍妾，并且亲自上门向那位瘸腿的士人谢罪，离开平原君的门客们才逐渐回来。

毛遂自荐

长平大败后，邯郸又被秦军围困，赵国危在旦夕，赵王派平原君向各国求援。平原君打算去楚国求援前，想在自己的门客中挑选二十位智勇双全的人陪同前往，最后只选出了十九位。这时，有一位叫毛遂的门客向平原君推荐自己。平原君问他："先生来我这里多少年了？"毛遂回答："三年。"平原君笑着摇摇头说："在这世上，有才能的人就像锥子放在袋里一样，总会冒出尖头的，但先生来我这里整整三年，却从没有人在我面前夸赞过你，我也从没见你有什么突出的表现，这是先生没有才能的缘故啊，所以先生还是别去了吧。"毛遂却说："大人说得对，所以我请您今天就把我这把锥子放进口袋。如果早点把我放进口袋，那我早就脱颖而出了，怎会仅仅只冒出个尖头啊。"平原君觉得毛遂的话有道理，于是答应带上毛遂，另外十九位门客却在一旁偷偷交换眼神，笑话这个不知天高地厚的家伙。

平原君一行来到楚国拜见楚考烈王，想说服楚王合纵抗秦，两人坐在楚王的朝堂上从日出谈到日中，还是没有任何结果。这时，随行的另外十九位门客都示意毛遂上前去。于是毛遂按着腰上的剑柄，快步拾级而上，对平原君说："合纵抗秦的益处，一两句话就能说清楚，为什么谈了这么长时间呢？"楚王问平原君："这位客人是谁啊？"平原君赶紧答道："他是我的门客。"楚王一听，立刻对毛遂呵斥道："我与你的主人谈事，你来做什么，还不给我赶紧退下！"毛遂按着剑柄上前，大声说道："大王您呵斥我，是因为楚国人多势众。但是我提醒您，现在十步之内，您的命在我手上，楚国人再多也指望不上。何况您怎能当着我主人的面呵斥我呢？楚国人是多，但我听说当初商汤、周武王没那么多人，却能够号令天下，那是因为他们发挥了自己的优势，展现了自己的威仪。而楚国有国土五千里，兵士百万，凭借这些足以号令天下，但是现在楚国怎样了呢？白起这个小子，带了区区几万人攻打楚国，却一举攻下楚国都城、烧毁楚王的祖陵、辱没楚王的先人，这样的奇耻大辱连我们赵国人都感到羞耻，大王您居然还忍得下去？我们今天请求您合纵抗秦，只是为救我们赵国吗？不！我们也是为了帮助楚国报仇雪恨啊！所以，您说说，您当着我主人的面呵斥我有道理吗？"楚王被毛遂说得连连称是。毛遂接着大声命令："取牲畜血来，大王要盟誓了！"毛遂捧过血盆跪着对楚王说："请大王率领我们歃血为盟，您最先，我主人次之，我最后。"于是楚王与平原君、毛遂在堂上完成了盟誓。接着毛遂拿着盆走下堂，招呼另外十九个门客说："各位就在堂下盟誓吧，反正你们自己都不敢有所作为，只能依靠别人方可成事。"

平原君大功告成，他感谢毛遂说："毛先生凭借三寸之舌，胜过百万雄师，使得赵国地位重于九鼎。您这样的人才在我这里这么久，我却没能发现，我以后再也不敢说自己能够辨别人才了。"从此，平原君将毛遂奉为上宾。

保卫邯郸

在平原君的多方求救下，楚国、魏国都派出了援军。但是援军还没赶到，而秦军的围攻却更加猛烈，邯郸城内的军民眼看就要撑不下去了，平原君忧心如焚。

这时，城内有一位叫李同的小吏求见平原君，他对平原君说："邯郸撑不住了，赵国即将灭亡，大人您不担心吗？"平原君回答："赵国灭了，我也成了俘虏，我怎么会不担心？"李同稽首道："大人，现在邯郸城情况危急，百姓到了炊骨易子而食的地步，但您的后宫还照样留着数百位美人侍妾，她们照样穿着绫罗绸缎，梁上挂着吃不完的肉，而百姓们早已衣不蔽体，食不果腹；您的府上还保留着各种精美器物，钟磬乐器，而守城的士兵连像样的武器都没有，只能削尖了树枝当作长矛。这样下去邯郸必破，赵国必亡，到时候您去哪里享受这些荣华富贵呢，如果赵国得以保存，您又何愁不能享受这些呢？我请求您，将家中所有侍妾奴仆全部编入军中帮助守城，将家中所有财产器物全部拿出来用于士兵和军队，这样大家一定会听命于您的。"平原君听从了李同的谏言，招募到了三千名誓死效忠的士兵。

李同率领这三千名士兵拼死向秦军发起冲锋，成功地使敌军阵营撤退了三十里。恰好此时，援军赶到，在邯郸城守军和援军的内外夹击下，秦军被击退，邯郸成功解围，而赵国也终于保住了。李同在战斗中不幸死去，赵国后来封他的父亲为李侯。

邯郸保卫战过了几年后，平原君去世，他的子孙承袭了爵位和封地。平原君是乱世中的翩翩贵公子，礼贤下士，颇具才能，但当年正是因为他赞成接收上党，才使赵国之后遭受了长平惨败，人们说这是平原君利令智昏，只见眼前利益，而丧失了理智，看不到大局。邯郸保卫战后，虽然赵国被暂时保住了，却已丧失了抵抗秦国的力量，六国再也不是秦国的对手。平原君去世二十多年后，秦国终于攻破了邯郸，俘虏了赵王迁，随着赵国的灭亡，平原君的子孙也失去了他曾经拥有的一切。

文化常识

战国时期的陵墓

在平原君的故事中，毛遂为了说服楚王，故意提起楚被秦击败的耻辱，他说秦将白起"一战而举鄢郢，再战而烧夷陵，三战而辱王之先人"，说的就是鄢郢之战。鄢是楚国的别都，郢是楚国的国都，夷陵是楚国先王的陵墓所在地，鄢郢地区是楚国的政治中心。白起先后攻破鄢、郢之后，向西攻到夷陵，火烧楚先王陵墓和宗庙，楚国几乎被灭国。这里楚国的先王墓地为何称为"陵"，一起了解一下战国时期的陵墓。

"坟墓"一词中，"坟"指埋葬死人之后筑起的土堆，而"墓"指埋葬死人的地穴。在春秋之前，古人埋葬之后地面没有封土，因而只称"墓"不称"坟""坟丘"。到了春秋晚期坟丘墓葬形式才逐渐出现，甚至有高出平地达数米的大坟丘。进入战国时期，坟丘墓葬已非常普遍，为了显示君权威严，各国君王的墓葬尤其巨大，简直像一座座高起的山陵，因此君王的墓地被称为"陵"。《史记·赵世家》中记载赵肃侯在位的第十五年"起寿陵"，也就是建造墓地寿陵，这是君王墓地首次被称为"陵"的文字记载。另一方面，战国时人们也以山陵比作各国的最高统治者，君王去世被隐讳地称为"山陵崩"，原先只有天子死亡才被称为"崩"。《礼记》中记载"天子死曰崩，诸侯曰薨，大夫曰卒，士曰不禄，庶人曰死。"这些对死亡的避讳体现了古人严格的等级观念。后世帝王去世还被称为"驾崩""晏驾""宾天"等。

"陵寝"一词中，"陵"即指君王的陵墓，而"寝"则是指君王陵墓附近的地面建筑。古人的迷信思想认为，人死之后灵魂还是像生前一样活动，因此在帝王的陵墓旁建造被称为"寝"的宫室。里面放置着帝王的衣冠、家具、生活用具等，并且按一定时间供奉食物，就像君王活着时一样侍奉。通过这样的祭祀活动，显示对祖先的恭敬并祈得他们的保佑。帝王的陵寝制度在后世不同朝代并不完全一样，而在战国时期，君王死后除了巨大的陵墓之外，也已经配有相当庞大的地面建筑。由此可知，秦将白起在鄢郢之战中"烧夷陵"，烧掉的主要还是地面上的那些寝宫。

原文选读

《史记·平原君虞卿列传》选段

门下有毛遂者，前，自赞①于平原君曰："遂闻君将合从②于楚，约与食客门下二十人偕，不外索。今少一人，愿君即以遂备员而行矣。"平原君曰："先生处胜③之门下几年于此矣？"毛遂曰："三年于此矣。"平原君曰："夫贤士之处世也，譬若锥之处囊④中，其末⑤立见。今先生处胜之门下三年于此矣，左右未有所称诵⑥，胜未有所闻，是先生无所有也。先生不能，先生留。"毛遂曰："臣乃今日请处囊中耳。使遂蚤⑦得处囊中，乃颖脱而出，非特其末见而已。"平原君竟与毛遂偕⑧。

注解

①自赞：自己推荐自己。②合从：合纵。③胜：赵胜，此处是平原君自称。④囊：袋子。⑤末：末梢，此指锥子尖。⑥称诵：称赞，赞美。⑦蚤：同"早"。⑧偕：一起。

23. 信陵君

　　信陵君魏无忌，是魏安釐王的弟弟，他礼贤下士，门客三千，厚德高义，天下无双。邯郸被围，魏军观望不前，赵国命悬一线，信陵君的门客献智、献力、献命，帮助他窃符、夺军、救赵，主客成就彼此，义薄云天。《魏公子列传》中记录了这位有情有义的公子以及他门下那些有血有肉的能人志士。

屠夫与抱关者

　　信陵君的门客众多，无论是贤能之人还是平庸之人，公子都以礼相待，所以天下之士不远千里前来投奔他，各国诸侯也都不敢小觑公子无忌。有一回，魏王与公子下棋时接到报告——赵军来犯，公子很淡定地说这是赵王在打猎，不必惊慌，但魏王还是有些心神不宁。过了一会儿，又来报告说不是赵军来犯，而是赵王在打猎。原来公子的门客与赵王身边的人关系密切，所以对赵王的一举一动都了如指掌。魏王震撼之余，对公子也有所忌惮，不敢让公子介入魏国的政事。

　　魏都大梁的东门有一位七十岁的守门人，名叫侯嬴，公子听说他是位贤士，就想厚礼结交他，但侯嬴婉言谢绝了。于是，公子特意大摆宴席，待宾客们都坐定后，他亲自驾马车去东门迎接侯嬴。侯嬴倒也不客气，整了整身上的衣服，直接上车并占了尊位，公子一点也不见怪，更加恭敬地拉着缰绳赶车。半路上，侯嬴突然要求公子绕道去一下市场，说要去见一位当屠夫的朋友。车到了市场后，侯嬴下车与朋友站着聊天，谈了很久，他斜眼看公子，发现公子的神情非常平和。侯嬴仍在聊天，而时候已经不早，宴会现场的贵客们都在等公子主持开宴，随从们都在心里骂侯嬴不识抬举，但公子却一点都不着急。终于，侯嬴告别朋友上车离开。到了宴会会场，公子亲自把侯嬴安排在上位，并将他隆重地介绍给在场的所有宾客，大家都很惊讶公子为何对一个看门人如此礼遇。酒酣之际，公子又起身来为侯嬴敬酒，祝他长寿。

　　这时，侯嬴拉公子坐下，小声对他说："今天我为公子做的也足够多了。我只是个抱关者（守门人），你却屈尊驾车来接我，我又很不知趣地要你绕路去市场，众目睽睽之下，故意让公子等我这么长时间，但你神色平和谦恭，所以现在大家都认为我是个小人，同时也见识了公子的仁厚。"从此，侯生成了公子的上宾。他对公子说："我的那位屠夫朋友，名叫朱亥，是个有本领的人，世人不了解他，所以他才在市场里做屠夫。"后来公子又多次送礼邀请朱亥，但朱亥并不回礼答复，公子对此也有些纳闷。

虎符与大将军

长平大战后，秦军包围邯郸，赵国危急。赵国平原君的夫人是信陵君的姐姐，平原君数次写信请求魏国发兵救赵。于是，魏王派将军晋鄙率领十万大军施救。秦王派人威胁魏王说，谁敢救赵，灭赵后便先攻打他。魏王害怕了，让晋鄙停止前进，驻军观望。平原君苦等援军不来，都快急疯了，不断派出使者请求魏公子救援。公子也不断催促魏王下令进军，无奈魏王已经被秦国吓住了。魏军指望不上了，但公子不想眼睁睁看着赵国被灭，他发动门客，集结了上百乘的战车，准备率领门客出征，拼死救赵。

公子的车队行经东门时遇到了侯嬴，公子向他告辞，侯生说："公子努力吧，我不能和你一起去了。"车队走了一段路后，公子心里感到别扭，他心想自己平时对侯生礼遇有加，生离死别之际，侯生却连句像样的话都不说，难不成自己有什么地方亏待他了？于是又回去找侯生。"我就知道公子会回来的。"侯生见了他笑着说，"公子平时厚待我，而我却没有一言半句送别，所以我料到公子一定会回来找我。"侯生继续说道："公子平时广交天下贤士，现在殚思竭虑却无计可施，只能亲自去和秦军硬拼，这就像把肥肉往饿虎的嘴里送，那养我们这些门客有何用呢？"

公子于是郑重地向侯生请教。侯生屏退旁人后对公子说："我听说，调动晋鄙大军的虎符就在大王的卧室里，大王最宠幸如姬，她一定有法子把虎符偷出来。当年如姬的父亲被人杀害了，悬赏缉凶三年，却没人能抓到凶手，最后是公子听了她哭诉后，派门客将凶手斩首，为如姬报了仇。我相信如姬随时愿意以死报恩，只是没有机会而已。如果公子真的开口请求如姬，她一定会把虎符偷出来，这样就可以调动大军北救赵国而西退秦军，这是惊天动地的义举啊。"公子听从了侯生的计策，不久如姬果然将虎符偷出来交给了他。

公子得了虎符后准备即刻赶往军中，侯生留他道："公子且慢，我听说将在外，君令有所不受，你虽有虎符，但万一晋鄙不听调遣，派人再向大王询问，那就糟了。我的朋友屠夫朱亥，是个大力士，让他和公子一起去，如果晋鄙听令，那就最好；不听，可以让朱亥杀了他。"公子听了，不禁泪如雨下。侯生惊讶道："公子是怕死吗？为什么哭了？"公子说："晋鄙是叱咤风云的猛将，我料想他一定不会听令，必然被我们所杀，所以我伤心落泪，我绝不是因为怕死才哭啊。"之后，公子去邀请朱亥同行，朱亥笑着说："我是个粗鄙的屠夫，却让公子三番五次来慰问，之前我从不回礼，因为嫌这些个小礼数没啥用，现在公子有危急的事情，这才是我为公子效命的时候啊。"公子一行临走时，侯生向公子辞别道："我本应该随同前往，只是太老了，我就在这里数着日子，公子到达军营的那一天，我一定会向北自刭，就当是我为公子送别。"

公子到了军营，与晋鄙合了虎符。晋鄙果然起了疑心，他对公子说："我统帅十万兵马，驻扎边境，肩负重任，公子您乘着一辆马车，就来军营接管我的指挥权，这有点草率了吧。"眼见晋鄙拒绝交出军权，一旁的朱亥悄悄抽出藏在袖中的大铁锤，出其不意锤杀了他。于是公子取得兵权，集合军队赶赴邯郸。他对全军将士说:"父亲和儿子同在军队里的,父亲回家;兄弟同在军营里的,哥哥回家;家中独子在军营里的,自己回家去奉养双亲。"由此精选出八万士兵,将士们都被公子的大义所感动,士气大振。

公子率领着军队奔赴前线,会合楚军一起攻破秦军。邯郸解围后,赵王和平原君都赶到郊外亲自迎接公子,拜谢他舍生相救。留在魏国的侯生,也果真在公子抵达军营之日,向北自刭。

博徒与卖浆者

魏公子偷了虎符,假传王命杀了晋鄙,魏王对此火冒三丈。公子自知无法向魏王交待,等到救赵成功后,就让将军们带士兵凯旋,自己则和门客们留在了赵国。赵王封了五座城邑给公子,魏王后来也原谅了公子,加封信陵之地给他,但公子始终觉得对魏王有愧,因而仍然留在赵国。

魏公子听说赵国有两位隐居的贤者,毛公生活在赌徒之中,薛公隐居在卖酒的地方,他想去结交他们,但两人却都躲着不肯见他。公子知道了他们的住处后,就微服步行去找他们,并和他们开心地相处在一起。平原君知道后,对自己的夫人说:"我原先听说你弟弟贤能,天下无双,现在看他混在赌徒和卖酒的人中间,真是不成体统啊。"公子听说这些话后,向姐姐告辞说:"亏得我为了平原君辜负了魏王,他原来只是表面上的豪杰,根本不是真正喜欢结交贤能之士。这两位隐者我在大梁时就听说了,来到这里结交他们还怕他们拒绝我，平原君居然以此为羞耻，他才不值得我交往呢。"说完假装要离开赵国。平原君闻讯，赶紧向公子谢罪，好说歹说挽留他。后来平原君的门客知道了这件事，很多人认可公子无忌，都改换门庭投奔了他。

公子无忌留在赵国十年，在此期间秦国不断发兵攻打魏国，魏王屡次请求公子回国，但公子坚决不回。毛公和薛公知道了，拜见他说："公子之所以在赵国受到尊重，在诸侯间英名传颂，都是因为有魏国在你背后啊，现在魏国危急却不去援助，假使哪天秦国真的攻灭魏国，夷平了公子的祖宗陵墓，到时候你还有何脸面立足于世呢？"公子于是立刻率领门客动身回到了魏国。

魏王与公子分隔了十年，兄弟俩再次重逢不禁相拥而泣，自此冰释前嫌。魏王任命公子为大将军，天下诸侯听闻魏公子回国掌权，纷纷前来救援。于是公子无忌统帅五国军队击退秦军，一直追击到函谷关，秦军闭关防御，不敢再出关进犯。那几年，公子无忌威名震天下，不少门客向他进献兵法，后来这些兵法被汇集成了《魏公子兵法》一书。

秦王不断派人在魏国行使反间计，造谣说公子无忌功高震主，世人只知公子，不知魏王等等。久而久之，魏王果然又开始猜忌公子，最后终于罢了公子的军权。公子无忌至此心灰意冷，不再关心朝政，天天饮酒作乐。过了四年，公子无忌病逝，他的兄弟——魏安釐王也在同一年去世了。信陵君去世十八年后，魏国被秦吞并。

太史公对魏公子十分景仰，在《史记》中对他评价极高，夸赞他礼贤下士，平易近人，因而深受世人的尊崇。我们从篇名即可见这种溢出纸面的尊敬：战国最著名的四位公子都有列传，分别为《孟尝君列传》《平原君虞卿列传》《春申君列传》，其中仅有魏公子无忌的列传不称封号"信陵君"，而尊称为《魏公子列传》。

文化常识

虎 符

在"窃符救赵"的故事中，魏公子成功的关键是拿到了虎符，那么虎符究竟是什么？它又该如何使用呢？我们一起来认识虎符。

虎符是一种兵符，也就是调动军队的令牌。虎符最早出现在春秋战国，一般用青铜制成，也有用金、玉、竹等材质，因为这些兵符多制成了虎的形状，所以又被称为虎符。虎符都为中空，表面一般都刻有文字。虎符从头至尾对剖后变成左右两半，古人以右为尊，因而右半边（虎头方向朝前）由朝廷即君王保管，左半边则交给军队统帅或地方长官。朝廷想要调兵时，就派遣使臣带着半符前去地方或军中，左右相并吻合后，即通过了检验，调兵的命令就生效了。虎符专符专用，一地一符，每一个虎符都是独一无二的，因而左右半边的形状、文字以及榫卯结构也都是一一对应的，合并检验时必须完全合符才行，这也是"符合"一词的源头。

虎符的形制在不同朝代有所不同，秦朝时出现过龙符和鹰符。到了唐代，因为唐高祖李渊的祖父名李虎，为了避讳，唐代的兵符不用虎符，而改用鱼符、兔符、龟符等。宋代开始，调遣军队逐渐用令牌取代了虎符。

陕西历史博物馆藏有一枚战国时期的秦国虎符，这枚铜制虎符高4.4厘米，长9.5厘米，厚0.7厘米，虎符形状是一只站立的老虎，虎身有铭文9行40字，通过读取铭文，了解到这枚虎符是当时秦国"杜"地的兵符，因而称之为"杜虎符"，铭文中规定调动超过五十人的军队时就要动用虎符验证。由此想见，如果调动五十人的军队规模就要虎符，那么在窃符救赵的故事中，晋鄙对信陵君的怀疑是情有可原的，因为这次他要调动的可是十万大军啊。所以侯嬴为信陵君准备了后手——朱亥的大铁锤。如果用虎符合符没有用，那就只能用武力合符了。

原文选读

《史记·魏公子列传》选段

侯生曰："将在外，主令有所不受，以便国家。公子即合符①，而晋鄙不授公子兵而复请②之，事必危矣。臣客屠者朱亥可与俱③，此人力士。晋鄙听，大善④；不听，可使击之。"于是公子泣。侯生曰："公子畏死邪？何泣也？"公子曰："晋鄙嚄唶⑤宿将，往⑥恐不听，必当杀之，是以泣耳，岂畏死哉？"

注解

①合符：指将虎符合在一起，表示匹配。②请：请示，确认。③俱：一起（前往）。④大善：非常好。⑤嚄唶：勇悍刚健的样子。⑥往：去，前往。此指公子无忌前去，而恐怕晋鄙不听。

24. 春申君

　　春申君黄歇，侍奉楚顷襄王、楚考烈王两代楚王，他出使秦国游说秦王，又舍命保护太子回国，后任楚国令尹二十多年，被封为春申君，为楚国立下汗马功劳。然而，春申君养客最多，最终却死在自己的门客手上。《春申君列传》中记录了春申君黄歇的辉煌事迹和不幸结局。

救主臣子

　　楚顷襄王是楚怀王的儿子，父王被秦扣留至死，自己也被秦国打得毫无还手之力。秦将白起夺取巫郡、黔中郡的大片土地，攻破楚国郢都，焚烧夷陵，楚王被迫将都城东迁至陈县。当秦国计划腾出手来再次进攻楚国时，楚王派黄歇出使秦国。黄歇向秦昭襄王谏言说，秦楚是天下两大强国，两强相争会被其他国家乘虚而入，韩魏才是秦国的心腹之患，如果秦国舍近求远讨伐楚国，一定会埋下祸患。黄歇的说辞与秦相范雎的远交近攻策略不谋而合，因而秦昭襄王听从了他的建议，放弃攻楚，与楚国订立盟约。黄歇回国复命后，又陪同太子完一同入秦为人质。

　　过了好几年，楚顷襄王病危，但秦国却不放太子回楚。黄歇与范雎交好，于是劝说范雎："大人您向来与我们太子很亲近，现在楚王病重，秦国应该放他回去，这样一旦太子继位，他深得秦国照顾，自然会对秦国友好；如果太子不回楚国，万一楚人另立新王，那太子就成了咸阳城里的一个普通人了。您说，秦国是希望扶立一个与秦国友善的楚王呢，还是只想得到一个咸阳城里的普通人？"范雎将黄歇的说辞告诉了秦王，昭襄王说："可以先放太子的老师回去看看楚王的病情，等听了他的回报后，再讨论这事吧。"

　　于是，黄歇对太子献计说："你必须马上回国，秦国扣留你的目的是想跟楚国讨价还价，谋取利益。但是阳文君的两个儿子都在楚国国内，他们都有可能被立为新王，太子如果不及时回国的话，楚王一死，你就失去了继位的机会。你可以打扮成随从，跟着使者一起回楚国，我留下来帮你作掩护。秦王如果问罪起来，大不了抵上我的性命。"太子依计假扮成了使者的车夫，蒙混过关离开了秦国。黄歇则留在秦国，假托太子生病，谢绝别人的来访。过了几天，估计太子已经走远了，黄歇才把这件事情报告秦王。秦王大怒，想要处死黄歇。范雎劝他说："如果太子真成了楚王，黄歇舍身救主，必受重用，不如放他回去，以后我们与楚国也好说话。"秦王于是依言释放了黄歇。

富贵公子

　　黄歇回国之后三个月，楚顷襄王去世，太子完继位，即楚考烈王。楚王立刻任命黄歇为令尹，封为春申君，将淮北地区的十二个县分封给他，后来黄歇主动献出这一战略要地，要求楚王改封自己去江东地区，在原来吴国旧都设邑。

春申君任令尹的第四年，秦国在长平大破赵军，次年包围了邯郸，赵国危在旦夕。楚考烈王响应平原君的求救，命春申君率领楚军驰援，楚军与信陵君率领的魏军一起击退了秦军，保存了赵国。过了几年，春申君又发兵灭了鲁国，楚国逐渐恢复实力，重新强大起来。

当时，孟尝君、平原君、信陵君和春申君四位公子名闻天下，他们都想尽办法招贤纳士，争相吸引有才能的人投奔自己，他们的门客也争相展现自己的才华和所受的礼遇。有一年，赵国平原君的门客受命拜访春申君，春申君将他们安排在很豪华的旅舍中。赵国这些使者想要炫耀一番，他们在头发上插着稀有的玳瑁头簪，腰间佩的宝剑都有装饰了珍贵珠宝的剑鞘。没料到，春申君的三千门客个个雍容华贵，地位高的人甚至连他们的鞋子都缀满了珍珠，令赵国的使者自惭形秽。

春申君任令尹的第二十二年，各国都感到秦国的威胁越来越大，于是组成了合纵抗秦联盟，楚考烈王为纵约长，春申君为主事，赵将庞煖为联军统帅。但是当时秦国是秦王政（即后来的秦始皇）执政，吕不韦为相，秦国已变得非常强大，而各国仍无法团结一致。当联军进军到函谷关时，秦军甫一出击，联军就被打败，纷纷撤退。就这样，战国时期最后一次合纵伐秦也以失败而告终。春申君也因而受到楚王的怪责，逐渐不受重用。而楚国为了避开秦军的兵锋，又将都城向东迁移至寿春。

楚王无子

这时候，楚国还面临一个大问题，楚考烈王始终没有儿子，因而无法立嗣。春申君为此也很着急，为楚王进献不少女子，希望能为楚王生儿子。春申君有一位叫李园的侍从，把自己的妹妹进献给了春申君，春申君很宠爱她，不久她就有了身孕。李园让妹妹劝春申君说："大人您做楚相二十多年，楚王待您像兄弟一般，楚王如果没有子嗣，他去世后继位的就将是王族其他兄弟，他们必会任用自己信任的人。大人理政这么多年，得罪了王族中的许多人，到时候恐怕会有麻烦吧。我有身孕的事，现在只有你知我知，如果您趁现在将我进献给楚王，我又幸运地生个儿子，那您的儿子就将成为楚王，到时整个楚国都将听命于您。"春申君被这一番话打动了，于是真的把李园的妹妹进献给了楚王，而她也果然生下一个儿子。楚王欣喜万分，以为自己终于后继有人了，立刻将儿子立为太子，封李园的妹妹为后。

从那以后，李园自然也受到楚王的重用，开始参与朝政。但他非常忌惮春申君，因为春申君知道真相。于是李园偷偷在家中藏匿刺客，准备伺机杀害春申君，不过他的阴谋不久便被人知晓了。

春申君为令尹的第二十五年，楚考烈王病危。门客朱英向春申君揭露了李园的阴谋，他提醒春申君，一旦楚王去世，李园必然加害于他。朱英建议春申君应该先下手为强，果断除掉李园。春申君却不这么认为，他觉得李园性格软弱，又与自己关系很好，根本不会做出危害自己的事情。朱英见春申君当断不断，怕自己反受牵连，便自行逃走了。

楚考烈王不久病逝，当春申君赶来奔丧时，被李园派来的刺客乱刀砍死，他的首级被扔到了棘门之外。李园又立刻派人将春申君家人悉数杀害。这就是春申君的悲惨结局，他虽然聪明一世，却因为一时的糊涂而晚节不保，就像太史公在他的评传中所说的那样"当断不断，反受其乱"。

春申君被害的这一年，秦国发生了嫪毐的叛乱，嫪毐随后被灭三族，这一事件也牵连了吕不韦，他不久便被罢相。这一年是秦王政继位的第九年，也是他加冠亲政之年，秦国乃至天下的历史翻开了新的篇章。

文化常识

春申君与上海有什么关系？

上海市的简称为"沪"，但她还有一个别称是"申"，因而上海又称"申城"。这个"申"据信就取自春申君黄歇，而上海的母亲河黄浦江，以前也叫春申江、黄歇浦等，显然这些名称都与春申君有关系。直到现在，上海市境内仍有春申路、春申塘、春申祠等地理名称，那么春申君与上海究竟有何关系呢？

《春申君列传》中有如下一段话："（黄歇）因并献淮北十二县，请封于江东。考烈王许之。春申君因城故吴墟，以自为都邑。"黄歇献出了自己原先的封地淮北十二县给楚王，因为这块地方紧邻强齐，黄歇建议设置为郡，加强戒备。黄歇又请求改封到江东地区，并以吴墟（即原吴国的旧都，今江苏省苏州市）为自己的都邑。所以，以吴都为中心的江东地区成了春申君的封地，其中应该包括了现上海市的西部。

有人认为上海留有这么多与春申君有关的名字，是因为春申君曾在这块土地上疏浚河流，兴修水利的缘故，因而留下了众多的遗迹。然而，战国时期的上海地区不仅未有建制，甚至东部大片区域还在海里尚未成陆，有些则是未开发的滩涂。所以，现在上海的主要河流还未形成，在这一地区兴修水利一说并不可信。当然，春申君或许在封地内进行了治理水患、兴修水利等工作，因而在之后漫长的历史中，民间慢慢将春申君视为当地的保护神，很多水利工程和地理名称也用他的名字命名以表示纪念。这种现象不仅体现在上海一地，在现今太湖流域的许多地方都有与春申君有关的地名，比如苏州的黄棣、无锡的黄埠墩、春申涧等。值得一提的是，战国时期负责建造都江堰水利工程的李冰（秦昭襄王时期，被任命为蜀郡守），也同样被当地百姓广为传颂，尤其是传说中李冰儿子这一人物，经过古人的不断融合和创造，最终成为《西游记》中神通广大的二郎神，成为家喻户晓的人物形象。

所以，虽然史书中没有相关记载，考古文物也并未发现春申君与上海的直接联系，然而和大禹、李冰父子等传说人物一样，春申君的治水传说在太湖流域也广为流传，春申君也曾演化为这一地区的土地、城隍、灶神等保护神。如今，经过无数代人传承下来的与春申君名字有关的河流、街道和各类地名，都是我们民族的历史文化记忆，也成了我们日常生活的一部分，这些都应该是值得我们告慰春申君的时代内容！

原文选读

《史记·春申君列传》选段

赵平原君使人①于春申君，春申君舍②之于上舍。赵使欲夸楚③，为玳瑁簪，刀剑室④以珠玉饰之，请命⑤春申君客⑥。春申君客三千余人，其上客皆蹑珠履⑦以见赵使，赵使大惭。

注解

①使人：派遣使者。②舍：安排住宿。③夸楚：向楚国人炫耀。④刀剑室：指刀剑的鞘。⑤命：约见，招来会见。⑥客：门客。⑦蹑珠履：踩着装饰了珍珠的鞋子。

25. 吕不韦

当西周国被秦吞并，九鼎归秦之后，合纵连横的时代大幕即将落下，带领秦国一统天下的人物呼之欲出。然而，秦昭襄王去世后，秦孝文王在位仅三天，秦庄襄王在位也只有三年，连续两位秦王在位时间都极短，最后完成秦国统一大业的是秦王政，也就是秦始皇。在这段秦国王权频繁交接的幕后，有一个人起着非常重要的作用，他就是吕不韦。通过《吕不韦列传》《秦本纪》《秦始皇本纪》等篇，可以了解战国结束前夕的这段秦国往事。

奇货可居

吕不韦是韩国阳翟的大商人，家累千金，极为富有。他经常去赵国邯郸做生意，认识了在那里做人质的秦国公子——子楚。子楚是秦国太子安国君的儿子，在安国君二十几个儿子中排行居中，生母夏姬不受安国君宠爱，所以他的地位也不高。子楚被送来赵国做人质，不受礼遇，平时花销用度很少，处境困窘落魄。

　　吕不韦知道子楚的情况后很同情他，对人说："子楚就像是一件稀罕的商品，把他囤积着总有一天可以卖出高价的。"吕不韦决定帮助子楚，对他说："秦王年事已高，太子安国君若继位，在二十几个儿子中将选谁为嗣？我认为关键要看华阳夫人，因为她最得安国君宠爱，却没为安国君生儿子。公子你排行居中，又久在赵国为质，如果不行动的话，肯定轮不上你。"子楚问："那我该怎么办呢？"吕不韦说："公子没有金钱四处打点，我虽然也算不得很有钱，但愿意倾家荡产拿出千金前往秦国打点关系，说服安国君和华阳夫人，让他们立你为嗣。"子楚激动地向吕不韦顿首道："如果此事成功，我的就是你的。"

　　吕不韦献给子楚五百金，让他留在赵国结交权贵，招待宾客。自己则用五百金准备了许多奇珍异宝，前往秦国寻找机会。不久，吕不韦见到了华阳夫人的姐姐，请她向华阳夫人献上礼物，并帮子楚说了很多好话，夫人听了非常欣慰，夫人的姐姐趁机进言说："女人迟早都要老的，美貌只能凭一时，不能靠一世，你应该趁现在年轻最得宠的时候，为自己铺好后路，赶紧在太子的儿子中选一个贤能的，把他当成亲儿子，想办法让太子立他为嫡子，等他以后继位，你就能托付终身了。千万别等自己年老色衰了再做安排，到时候你还能说得上话吗？子楚非常贤能，可惜排行居中，生母又不受宠，他现在想主动依附你，你正好可以领了这番好意，帮他成为嫡子，这样你一辈子都可以无忧了。"华阳夫人觉得姐姐的话很有道理，于是她找机会向安国君赞扬子楚贤能，又故意伤心落泪，哀叹自己无子，恳求安阳君立子楚为嫡子，今后照顾自己。安国君很心疼华阳夫人，真的和她立下誓约，答应让子楚做他的继承人。此后，安国君和夫人经常关心子楚，并让吕不韦教导他，子楚的名声越来越大。

一字千金

吕不韦在邯郸得到一位能歌善舞的绝世美女，让她做了自己的侍妾。有一次，子楚和吕不韦一起饮酒时，也看上了这位姬妾，子楚忍不住向吕不韦讨要她。吕不韦有些舍不得，但想到自己全副身家都扑在了子楚身上，难道还舍不得一个侍妾吗？于是，吕不韦把美女献给了子楚，却没有告诉他这位侍妾已经怀有身孕。后来，这个侍妾为子楚生下一个男孩，子楚非常高兴，将她立为夫人，为儿子取名政。

长平之战后，秦军包围了邯郸，赵人准备杀子楚泄愤。吕不韦和子楚用重金买通守卫的官兵，成功脱逃，但子楚的夫人和儿子却没能逃离邯郸，藏匿在夫人的母家，侥幸活了下来。几年后，秦昭襄王去世，安国君继位，即秦孝文王，册立华阳夫人为王后，子楚为太子。留在赵国的子楚夫人一下子荣升为太子夫人，于是赵人将母子俩一同护送回秦国。

孝文王即位后不久去世，子楚继位，即秦庄襄王。他尊华阳夫人为华阳太后，尊生母夏姬为夏太后，当然他最要感谢的人是吕不韦。秦庄襄王元年，吕不韦被任为相国，封为文信侯，得雒阳十万户为食邑，尊荣无比。吕不韦执政不久，就率军吞并了东周国，周彻底灭亡了。过了两年，五国合纵伐秦，信陵君率军击败了秦将蒙骜，秦军退回函谷关闭关自守，养精蓄锐。

庄襄王仅在位三年就去世了，年少的秦王政继位，仍用吕不韦为相，并尊称他为"仲父"。那时候，战国四公子招贤纳士，美名传天下，吕不韦耻于秦国如此强大，却无人可与之媲美，于是也广招天下贤士，厚待他们，并让门客们将自己的见闻学问汇集成书，编成《吕氏春秋》。为了使这部书尽善尽美，吕不韦命人在咸阳市集的门口悬挂千金，声称谁能在书中增加或删改一个字，即可获得千金。在吕不韦的大力招揽下，秦国得到了不少人才，在文化上也获得了进步。

饮鸩自尽

秦王尚未亲政时，吕不韦为取悦太后，把一个叫嫪毐的人假装成宦者送进宫，让他日夜服侍太后。嫪毐深受太后的恩宠，被封为长信侯，食邑很多，谋取官职的人也都投奔到他门下，所养的食客达到一千多人。这一年，秦王政长大成人，将举行冠礼亲政。有人向秦王告发了嫪毐，揭露他与太后私通，生有二子，并谋划着将自己的儿子立为秦王，嬴政大惊。嫪毐知道自己已经败露，于是假冒秦王和太后的玉玺召令军队，并亲自率领门客发动叛乱。但叛军很快就被打败，嫪毐逃走。秦王下令通缉嫪毐，活捉他可获赏百万钱，杀死他可获赏五十万钱。不久，嫪毐以及所有叛军首领悉数被抓，秦王将嫪毐处以车裂、灭族的刑罚，嫪毐和太后所生的两个孩子也被杀死，叛军首领被斩首，嫪毐的门客也都按罪行轻重受刑。太后起先被驱逐到雍城软禁，过了不久，秦王听人劝说后又把她接回了咸阳。

吕不韦与嫪毐的关系也很快暴露，原本秦王也想将吕不韦处死，但很多人来为吕不韦劝说求情，秦王念及他劳苦功高，没有杀他。吕不韦被罢相后，回到了自己的封地。然而前去拜访吕不韦的人依然络绎不绝，秦王恐怕会生乱，便写信给吕不韦说："你到底为大秦做了什么贡献，居然有颜面领受十万户的食邑？你又与我大秦有什么亲情，居然好意思被称为'仲父'？你还是举家搬到蜀地去吧。"吕不韦受到秦王的责问，心知在劫难逃，无奈地喝下毒酒自杀。吕不韦被人偷偷下葬，秦王获悉后，处罚了所有参加他葬礼的门客，其中来自三晋的被逐出秦国，俸禄官阶高的被剥夺爵位并流放，俸禄低的不夺爵位只流放。从此，像嫪毐、吕不韦这样以不正当手段获得权位的人，都被抄没全家。

又过了几年，太后去世了，秦王将她和父亲庄襄王合葬在一起。

文化常识

《吕氏春秋》

《吕不韦列传》中说吕不韦看到孟尝君等公子门客众多，觉得秦国不应落于人后，于是也广招贤士，"至食客三千"，他又看到"荀卿之徒，著书遍天下"，于是也召集门客著述各自所闻，汇集成了《吕氏春秋》（又名《吕览》）。可见，这部《吕氏春秋》虽以吕不韦为名，却与战国时《孟子》《韩非子》等其他的诸子百家著作并不一样，吕不韦并不是作者或某一学派的思想家，而只是幕后的策划者。

《吕氏春秋》全书共分十二纪、八览、六论，共二十六卷，一百六十篇，二十余万字。其中十二纪是全书的重要部分，以十二月令为线索，春、夏、秋、冬各三纪（如孟春纪、仲春纪、季春纪……依次类推），每纪各五篇，共计六十篇。文章的内容也是按照十二月令的自然规律排列，体现了"法天地"的道家自然主义思想，但全书的基调却是儒家，并融合了墨、法、名、阴阳等各家学说，有所取舍但互相调和。吕不韦自认为《吕氏春秋》"备天地万物古今之事"，是一部博采众长、包含了天地间所有事理的巨著。东汉班固所编的《汉书·艺文志》中，将《吕氏春秋》列为九流十家中的"杂家"，吕不韦组织门客编书成集的风气也延续到了后世，西汉时期淮南王刘安及其门客所编写的《淮南子》（又称《淮南鸿烈》）一书，也是杂家的重要代表作。杂家不像儒、墨等其他学派那样，并没有自己主张的思想，也没有学派的传承，而是融合百家，包容并蓄。

战国时期思想文化的繁荣与国家的兴盛相辅相成，也离不开文化的保护支持者。战国初期魏文侯重视文化，因而形成了以子夏、田子方等学者为核心的西河学派，造就了大量人才；接着，齐威王、齐宣王时期稷下学宫空前繁荣，奠定了战国百家争鸣的文化盛世；之后楚国春申君礼贤下士，聚集了荀子等大学者著书立说，楚国成为又一个文化中心；秦统一前，吕不韦厚遇贤士，让秦国的思想文化也逐渐兴盛起来。因而《吕氏春秋》的编写，也体现了在天下统一的大势下，思想文化从争鸣逐渐融合的趋势。

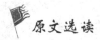

《史记·吕不韦列传》选段

吕不韦取邯郸诸姬绝好①善舞者与居，知有身②。子楚从不韦饮，见而说③之，因起为寿④，请之⑤。吕不韦怒，念业已破家为子楚，欲以钓奇⑥，乃遂献其姬。姬自匿有身，至大期⑦时，生子政。子楚遂立姬为夫人。

注解

①绝好：非常漂亮，美貌绝伦。②身：指有孕在身。③说：同"悦"。④寿：指敬酒祝长寿。⑤请之：讨要她，指讨要美姬。⑥钓奇：钓奇货，指谋取巨大的利益。⑦大期：指妇女足月分娩的日期。

26. 王翦

平定了嫪毐的叛乱，清洗了相国吕不韦的势力后，秦王政着手进行吞并六国的统一战争。李斯、尉缭等为秦王献策，一方面花钱笼络各国权贵，从内部瓦解对手，另一方面继承远交近攻的策略，由近及远，由弱到强将六国各个击破。在这一过程中，王翦、王贲（bēn）父子在战场上立下了赫赫军功，他们几乎参与了攻灭六国的所有战役。通过《秦始皇本纪》《白起王翦列传》等篇中关于王翦和王贲的作战记录，可以了解战国最后的十年间，秦军攻灭六国，统一天下的过程。

吞韩并赵

秦国的邻国中，韩国最弱，又处在秦国东出的必经之路上。韩王为免遭秦军的攻击，派韩非出使秦国游说秦王，不料韩非却被扣留，最后死在了秦国。韩王不得不向秦王称臣，由此韩国已经名存实亡了。没过几年，内史腾率领秦军攻入韩国，俘虏了韩王安，吞并了韩国剩下的所有土地，设置为颍川郡，韩国正式灭亡。

此时，赵国已经经受了秦国多年的持续进攻，王翦、桓齮（yǐ）、杨端和等秦将不断出击攻赵。幸亏李牧指挥得当，率领勇猛的赵国骑兵屡次抵挡住了秦军的进攻，然而赵军人员损耗也非常巨大，国力渐渐不支。赵国不幸又遭遇旱灾，于是秦将王翦、杨端和、羌瘣兵分三路攻赵，赵将李牧、司马尚顽强抵抗。秦国暗暗买通赵王宠臣郭开，诬陷李牧谋反，赵王中计，派人在前线捕杀李牧，废除司马尚。李牧一死，王翦立刻集中兵力攻破了邯郸，赵王迁只能投降，赵国被灭。公子嘉率领一部分赵氏族人逃往代地，自立代王。

破魏克楚

韩、赵被灭震惊了燕国，太子丹派荆轲行刺秦王政，但没有成功。秦王随即令王翦攻燕，秦军攻下燕国都城蓟，燕王喜和太子丹仓皇逃走，秦将李信追击，燕人被迫献上太子丹的首级，燕王喜则逃往偏远的辽东地区自保。

同时，王翦的儿子王贲受命攻打魏国。魏国此时仅剩都城大梁等数个城邑，但是大梁城墙非常坚固，王贲于是掘开黄河灌水入城，不久城墙崩坏，魏王投降，魏国被灭。自此，三晋全部灭亡了。

秦王随后计划南下攻楚，他问李信灭楚需要多少兵力，李信认为只需要二十万；他又问王翦，王翦说非六十万兵力不可。秦王赞赏年轻气盛，果断勇敢的李信，任命他和蒙恬率领二十万秦军攻楚。王翦见秦王不信任自己，就称病告老还乡。李信初战告捷，但他孤军深入，不久遭到楚将项燕的尾随攻击，两军大战三日三夜，秦军大败。要不是蒙恬施救，李信几乎战死。

秦王这时后悔自己没听王翦的话，于是亲自前往频阳，请王翦出征率军攻楚。王翦托病推辞，秦王再三坚持，于是王翦说："大王一定要让我出征的话，我还是坚持非六十万兵力不可。"秦王答应了。出征之日，秦王送大军至灞上，王翦请求秦王封赏给他庄园和良田，声称趁大王信任自己的时候，要为子孙后代多谋点福利。等行军至函谷关时，他又先后数次派人向秦王请赏。有人觉得老将军这么急着讨要赏赐有点过分了，王翦对他说："秦王多疑，不轻易信任别人，现在他把秦国的军队全都交给了我，我一定要迫切地为自己子孙谋福，以显示我们家族一定会死心塌地效忠秦王，让他放心。"

王翦率军进入楚国，并不急于和楚交战，他下令筑造防御工事防守，同时改善士兵们的伙食，养精蓄锐。楚国屡次发起进攻，秦军就是坚守不出，但是当楚国以为秦军不会出击而转移阵地时，王翦突然率领全军发动袭击，在秦国精兵的猛攻下，楚军大败，秦军乘胜一路追击，楚军主将项燕最终兵败自杀。秦军用了一年多的时间横扫楚国，楚王负刍被俘，强大的楚国也被灭了。

扫燕灭齐

楚国被灭后，王贲受命歼灭了在辽东的燕国残余力量，燕王喜被俘，燕国彻底灭亡。秦军又调转方向进攻代地，并俘虏了代王嘉，从赵国逃出的残余力量也被彻底消灭了。

这时，原先的六国只剩下一个齐国。齐与秦不相邻，秦国一直采用安抚政策麻痹齐国，秦人也收买了齐相后胜，所以当其他国家被秦军不断进攻时，齐国始终不施援手，只作壁上观。直到秦国陆续歼灭各国，齐国才警觉起来，齐军在西部国境集结准备防御秦国的进攻。然而，王贲、李信的军队在北方扫荡完燕国后，秦王命令他们顺势南下攻齐，绕过了齐国西部的重兵，直扑齐都临淄。齐国措手不及，齐兵也没有战斗的意志，在后胜的劝诱下，齐王建投降，就这样齐国不做抵抗便被灭亡了。

自此，秦王政二十六年（公元前221年），秦将六国全部歼灭，完成了统一天下的伟业。

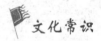

文化常识

"王"的后裔

六国被扫灭，那么原先六国的王族后来都怎么样了呢？在秦末推翻秦朝统治的各路势力中，不乏原先六国君王的后世子孙，其中最著名的就是楚怀王的后裔熊心，他曾被项梁、项羽拥立为楚王，成为各国联军的领袖，并在灭秦之后被立为义帝。当然，说起战国人物的后裔，在秦汉之后的历史中也出现了不少风流人物。

王翦是战国四大名将之一，在秦统一战争中，他与儿子王贲先后攻灭五国，立下了汗马功劳。王翦的孙子王离在秦二世时仍为秦将，但却在巨鹿之战中败给了项羽。秦朝覆灭，王离兵败被俘，但据部分史书记载，王翦的子孙却并未绝灭，王氏后裔仍在后世名扬天下。

据《新唐书》记载，王离的儿子王元"避秦乱，迁于琅琊，后徙临沂"，王元的四世孙是王吉，他曾是汉宣帝时的博士谏大夫。从王吉这一代起，就有比较明确的史实可考，他就是琅琊郡临沂王氏家族的始祖，也就是家喻户晓的名门望族"琅琊王氏"。这一家族从王吉时开始逐渐显赫，历经两汉到了东晋时期，家族地位如日中天。西晋琅琊王司马睿能够衣冠南渡，建立东晋政权，正是得力于琅琊王氏的扶助，其中最有名的是王导、王敦兄弟，他俩的子侄辈中更有著名书法家王羲之、王献之父子等。纵观整个东晋时期，琅琊王氏都是最有权势的家族，当时人称"王与马，共天下"，也就是说东晋皇族司马氏与琅琊王氏其实是共有天下。后世诗人刘禹锡的著名诗句"旧时王谢堂前燕，飞入寻常百姓家"中，"王谢"指的就是琅琊王氏与陈郡谢氏。然而，关于王吉之前的王氏先人并不见《晋书》等正史记载，反而是后世北宋欧阳修等编撰的《新唐书·宰相世系表》中有记载，学者们对此仍有不同的观点。

琅琊王氏位极人臣，但家族中不曾有人称帝，而另一位王氏后人却成功地谋得了帝位，他就是篡汉的王莽，曾经短暂建立了新朝。王莽家族的始祖是战国时齐国末代君王——齐王建的后裔，齐王建的孙子田安是秦末的反秦势力之一，后被项羽封为"济北王"。田安不久被田荣攻杀，但其子孙从此以"王"为姓氏，王莽就是田安的后裔，所以，他不仅是王氏的后裔，更是王的后裔。王莽的祖先可以追溯到齐国田氏，凑巧的是，田氏也是从吕氏手中篡夺了齐国，而且田氏原为陈氏，其始祖是春秋时期陈国公子陈完，他投奔齐桓公后，将陈氏改为田氏。改氏、篡位，在同一个家族中重复上演，这真是历史的巧合啊！

 原文选读

《史记·白起王翦列传》选段

于是始皇问李信："吾欲攻取荆，于将军度①用几何②人而足？"李信曰："不过用二十万人。"始皇问王翦，王翦曰："非六十万人不可。"始皇曰："王将军老矣，何怯也！李将军果势壮勇③，其言是④也。"遂使李信及蒙恬将⑤二十万南伐荆。王翦言不用，因谢病⑥，归老⑦于频阳。

💧 **注解**

①度：思量，估计。②几何：多少。③果势壮勇：指果断而勇敢。④是：正确的，对的。⑤将：率领军队。⑥谢病：称病。⑦归老：辞官养老。

27. 荆 轲

秦国的统一战争中，除了齐国不战而降之外，其余五国都进行了激烈的反抗。不仅在战场做殊死搏杀，燕国还采取了直接刺杀秦王的行动。韩、赵被灭后，燕国的太子丹派出刺客荆轲出使秦国，然而刺杀秦王的行动失败，反而加速了燕国的灭亡。我们从荆轲刺秦王的故事中，可以看到在沧海横流之时，也总有人闪耀出不屈不挠的英雄光辉。

易水之滨

荆轲，卫国人，卫人称他为庆卿，他后来到了燕国，燕国人称他为荆卿。荆轲喜好读书和剑术，曾游历四方。他曾在榆次与盖聂论剑术，但话不投机，被盖聂瞪了一眼，荆轲就离开了榆次。他还曾在邯郸与鲁句践下棋，但起了争执，遭到鲁句践的叱骂，荆轲又默默地走开了。后来荆轲来到了燕国，与一名杀狗的屠夫高渐离交了朋友。高渐离擅长击筑，荆轲喜欢喝酒，两人经常在市场里喝酒击筑，一会儿开心地高歌，一会儿又相拥而泣，旁若无人。荆轲虽然常与人喝酒，但沉稳好读书，结交的也多是贤能之士，燕国的隐士田光也是他的好友之一。

　　燕国的太子丹从小在赵国做人质，而嬴政就出生在赵国，两人因而成了朋友。后来太子丹又去秦国做人质，此时嬴政已继位为秦王，他对太子丹不再友好。太子丹之后逃回了国，并对秦王政怀恨在心，始终想要报仇。太子丹的老师向他推荐了有勇有谋的田光，太子丹于是去邀请田光共图大事，但田光婉言谢绝，称自己已不复当年之勇，不过田光向太子丹推荐了自己的朋友荆轲。太子丹很高兴，临走时嘱咐田光不要向别人泄露所谈之事，田光笑着答应了。

　　田光找到荆轲，请他速去拜访太子，然后说："作为长者不应受他人怀疑，太子嘱咐我不要泄露机密，说明他并不信任我，麻烦你见到太子时告诉他，田光已死，绝不会泄密的。"田光说完，拔剑自刎。太子丹知道后，非常懊悔当时说了这样的话。他又恳请荆轲说："韩、赵之后，秦国势必要进攻燕国，我想请你出使秦国，最好能像当年曹沫劫持齐桓公那样，逼迫秦王把吞并的土地全都吐出来；退而求其次，就是把秦王杀了，秦国重兵在外，而国内嫪毐之乱平息不久，一旦秦王死了，秦国人心一乱，别的国家就有机会了。"荆轲起初不愿意接受这个重任，禁不住太子丹一再恳求，终于答应了。从此，太子丹尊荆轲为上卿，对他礼遇有加。

　　荆轲虽然答应赴秦，却迟迟未有行动，眼看秦国已陈兵燕境，太子丹有些等不及了。荆轲要求太子丹为他准备出使秦国的信物——秦将樊於期的头和燕国督亢之地的地图。樊於期逃亡来到燕国后，太子丹收留了他，因而不愿意杀害他。于是，荆轲亲自找到樊於期，对他说："将军与秦王有深仇大恨，您的家人被杀、宗族被罚没，秦王又悬赏千金要您的人头，您想过要报仇吗？"樊於期答道："刻骨仇恨，怎不想报？苦于寻不出办法啊！"荆轲说："我有一个办法既能救燕国，又能为将军报仇。"樊於期问："什么办法？"荆轲缓缓地说："我可以带着将军的头去献给秦王，秦王一定会接见我，到时候我就刺杀他。将军意下如何？"樊於期听完，立刻起身，激动地说道："这正是我日夜绞尽脑汁而不得的办法，今天幸亏得到您的指点。"说完，樊於期自刎。太子丹闻讯赶来，伏在樊於期的尸体上痛哭了很久。

樊於期的头和督亢地图都有了，太子丹又为荆轲准备了一把天下最锋利的匕首，上面还涂有剧毒，哪怕刺伤一点点，即能取人性命。太子丹还为荆轲物色了一位助手——燕国人秦舞阳，他年少时杀过人，异常彪悍，普通人都不敢与他对视。万事俱备，但荆轲仍在等待，等一位故交同去，但此人误了日期迟迟不来。在太子丹的再三催促下，荆轲终于决定动身赴秦。荆轲出发的这一天，太子丹和送行的人们都穿戴着白衣白冠来到易水河边，天色苍茫，寒风凛冽，高渐离击筑，凑出哀伤的曲调，荆轲和着老友的曲调唱道："风萧萧兮易水寒，壮士一去兮不复还。"送行的人们不禁都流下热泪。送君千里，终须一别，荆轲忽然又高声唱起豪迈的歌曲，激起大家同仇敌忾的情绪，人们不禁怒发冲冠，悲愤地目送着荆轲一往无前的身影。

朝堂之上

荆轲一行来到秦国，大臣向秦王禀报，燕国使者将献上土地和樊於期的首级,来向秦国投降。秦王很高兴,在朝堂上举行隆重的仪式接见燕使。

燕国正使荆轲捧着装有首级的盒子在前,副使秦舞阳拿着装有督亢地图的盒子在后,毕恭毕敬地走进了咸阳的王宫。秦国的王宫巨大而雄伟,两旁的卫兵手执长戟威风凛凛,到了朝堂前的阶梯时,秦舞阳已经被震慑得面如土色,再也迈不动步子了。秦王的手下见了都感到很奇怪,荆轲回头看着畏缩的秦舞阳,故意大笑着说道:"我们来自北方的粗鄙之人啊,从来没有见识过真正的天子,你看被吓着了吧,请大王不要见怪啊,让他完成使命吧。"秦王坐在殿上说:"把他拿的地图献上来吧。"荆轲跑过去拿了装地图的盒子,快步走上台阶,展示给秦王看。图轴慢慢展开燕国督亢地区的山川地貌,秦王目不转睛地盯着这片即将归他所有的膏腴之地。慢慢地,卷轴展开到了尽头……忽然寒光一闪,那把藏着的匕首赫然出现在秦王眼前,荆轲以迅雷不及掩耳之势,左手抓住秦王衣袖,右手操起匕首直直地向秦王刺去。秦王大呼一声,奋力向后躲闪,右手衣袖一下子被扯断。荆轲一击刺空,再扑上前。秦王腰间的佩剑太长,来不及抽出,他只能抓着剑鞘绕着宫殿的大柱子逃,荆轲在后紧紧追赶。按照秦国的法令,文武百官都不能携带武器上殿,宫殿外的卫兵没有秦王的命令也不允许进入,因而朝堂上的大臣们都手无寸铁,慌乱中只能空手来打荆轲。御医夏无且情急之下,将装药的木盒子砸向荆轲,荆轲被干扰了一下,众人连忙对秦王大喊道:"大王,把剑背起来拔。"秦王听到提醒,猛地把剑鞘甩到背上,唰的一声,长剑终于被拔了出来。秦王顺势回身一剑，正中荆轲的大腿。荆轲倒地时用力将匕首掷向秦王，偏了，只掷中了一旁的柱子，秦王立即提剑上前，拼命地刺向荆轲。荆轲身中八剑，双腿岔开地坐着，身体靠着柱子，鲜血汩汩地从伤口淌出，他自知刺杀已经失败了，却仍对着秦王骂道："可惜事情没办成功，我本来是想活捉你，让你把侵吞的土地都吐出来，好向太子复命。"这时，赶来的卫兵将他乱刀杀死了。

刺杀事件后，秦王郁闷了很久，后来他对当天在朝堂上的大臣们论功行赏，大大地夸赞了急中生智的夏无且，并赏赐他二百金。

普天之下

秦王遇刺后，恨不得立刻灭了燕国，杀了太子丹，他下令王翦率领大军加紧攻灭燕国。燕国无力抵挡，燕王和太子丹逃往了辽东地区。秦王又命李信追击，燕王被逼无奈，只能杀了太子丹，献出他的首级，想求得秦王的宽恕。然而这只能暂时平息秦王的怒火，秦军并没有停止灭燕的步伐，五年后燕王被秦俘获，燕国被彻底攻灭。

转眼间，六国俱灭，但秦始皇统一天下后，仍对太子丹和荆轲余恨未消，他下令追捕他们的门客和同伙，务必斩草除根。高渐离这时已经逃往他乡，隐姓埋名做着佣工。在劳作间隙，高渐离听到主人家堂上的击筑声，忍不住边听边评论起来。有人将高渐离的点评转述给主人听，主人召见高渐离，让他也演奏一下，不料高渐离击筑技法十分高超，主人和在场宾客都听呆了。重新击筑让高渐离也决心不再东躲西藏，他索性翻出行李，换上自己以前的华丽衣物，抱着自己的筑来到堂上，众人见他摇身一变，气度不凡，都大为惊讶，纷纷起身向他施礼。从此高渐离被主人当做上宾，经常为大家击筑演奏，听众每每都被他的乐曲感动得泪流满面。

这位击筑高人终于引起了皇帝的注意，就在他奉命为秦始皇演奏时，有人认出了高渐离的真实身份。秦始皇舍不得杀死这位击筑高人，但为了自己的安全，他命人弄瞎了高渐离的眼睛。高渐离仍留在宫中为皇帝击筑，他的演奏还是那么精彩绝伦，时间一长，皇帝对他也放下了戒心。但高渐离并没有忘记自己和朋友的仇恨，他偷偷在筑中装进了沉重的铅块，在一次演奏过程中，他猛地举筑向皇帝砸过去。皇帝并没有被瞎子击中，而瞎子高渐离终于被皇帝杀害了。自此之后，秦始皇心有余悸，再也不敢接近那些幸存的六国诸侯之人了。

荆轲和高渐离这对老友虽然都没能刺杀成功，但他们大义凛然，名垂后世。然而普天之下，想要刺杀秦始皇的六国后人又何其多？想要推翻秦暴政的反抗势力更是暗潮涌动。秦始皇死后，随着陈胜、吴广在大泽乡的揭竿而起，风起云涌的反秦大幕便被迅速拉开。

文化常识

见血封喉的匕首

《论语》中有一句话"工欲善其事，必先利其器"，是说工匠要想做好活，准备好工具是非常重要的。工匠尚且如此，更何况是去杀秦王的刺客呢？在太子丹为荆轲准备的器具中，就有一把重金买来的"徐夫人匕首"。

《史记·刺客列传》记载燕太子丹遍寻天下利器，"得赵人徐夫人匕首，取之百金"，可见这把价值百金的匕首应是赵国人徐夫人所铸。那么徐夫人是谁呢？据唐代司马贞在《史记索隐》中考证说："徐，姓；夫人，名。谓男子也。"也就是说这位赵国的铸剑师是一位姓徐、名"夫人"的男子，而不是徐家的夫人，所以他不是像莫邪这样的女性铸剑师。

"徐夫人匕首"这把利器究竟厉害在哪里呢？《刺客列传》中说"使工以药焠之，以试人，血濡缕，人无不立死者。"原来，这把锋利的匕首涂了毒药，只要在人身上划开一点伤口，流出一丝血液，伤者立刻就会死亡，简直是见血封喉。这么厉害的武器，自然大大降低了刺客行刺的难度，因为无论秦王什么部位被刺伤，即便不是要害，他都会立即死亡。我们不禁好奇，在科学还未那么发达的古代，古人如何获取如此厉害的毒药呢？

虽然古书上并未记载这种见血封喉的毒物名称，但自然界中确实存在一种剧毒的植物，它的名字就叫"见血封喉"。严格来说，见血封喉是一个属的植物，该属植物都是高大的乔木，分布在热带雨林中。我国也有一种，又称箭毒木。这种植物的乳白色树汁中含有剧毒，一经接触人畜伤口，即可使中毒者心脏麻痹而死，所以中文称之为"见血封喉"。箭毒木的汁液在古代常常被用在战争或狩猎中，只要在箭头涂上汁液，被射中的人或野兽都会即刻死亡。但是回到荆轲的故事中，徐夫人匕首上是否可能涂了箭毒木的汁液呢？因为这种植物分布在现今我国云南、广东、海南等南方地区的雨林中，而古代燕、赵都在北方，当时的交通和商业是否已经发达到如此程度，是否已经可以运输和交易如此远距离的物品了呢？或许是有疑问的。

说起古代的毒药，有一个成语"饮鸩止渴"，"鸩酒"也就是毒酒，在史书中经常出现。比如《史记·吕不韦列传》记载：当秦王命令迁蜀后，吕不韦"恐诛，乃饮鸩而死"。就是说吕不韦是喝毒酒自杀的。《说文》中记有"鸩，毒鸟也"，古人认为鸩是一种有毒的鸟，羽毛含有剧毒，在酒里搅拌过就变成了毒酒。现实中其实并不存在鸩这种毒鸟，古人可能见到蛇雕等喜欢吃蛇的鸟，误以为它们吃毒蛇而自身也具有毒性，因而产生了关于鸩的传说。古人所说的鸩酒有毒，极可能是混入了其他毒物。至于古书中还记载有哪些毒，古人又是如何使用的，感兴趣的读者可以作进一步的拓展阅读。

原文选读

《史记·刺客列传》选段

秦王谓轲曰："取舞阳所持地图。"轲既取图奏之，秦王发图[1]，图穷而匕首见[2]。因左手把秦王之袖，而右手持匕首揕[3]之。未至身，秦王惊，自引[4]而起，袖绝[5]。拔剑，剑长，操其室[6]。时惶急，剑坚，故不可立拔。荆轲逐秦王，秦王环柱而走。群臣皆愕，卒[7]起不意，尽失其度。

> **注解**

①发图：展开地图。②见：同"现"。③揕：用刀剑等刺。④自引：指自己后退。⑤袖绝：袖子断掉。⑥室：指剑鞘。⑦卒：同"猝"，突然。

沉思百家篇

"诸子百家"字形：汉印。

诸子百家篇
代表人物图

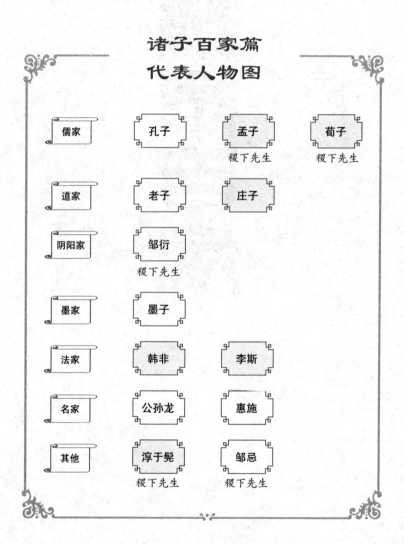

儒家	孔子	孟子	荀子
		稷下先生	稷下先生
道家	老子	庄子	
阴阳家	邹衍		
	稷下先生		
墨家	墨子		
法家	韩非	李斯	
名家	公孙龙	惠施	
其他	淳于髡	邹忌	
	稷下先生	稷下先生	

28. 淳于髡

　　战国时期，由于冶铁技术的发展，生产工具有了长足的进步，带动了农业的发展，而在经济、政治、军事、文化等各方面也都发生了全面变革。在文化和学术方面，从魏文侯时代、齐国稷下学宫到四公子及吕不韦的时代，战国时期一直崇尚"礼贤下士"之风。在这一过程中，孟子、荀子等大学者纷纷著书立说、聚徒讲学，出现了以儒、墨、道、法、阴阳、名等为代表的，被称为"百家争鸣"的思想文化繁荣景象。其中齐国的稷下学宫产生了许多著名的学者，被称为"稷下先生"，以下通过《田敬仲完世家》《滑稽列传》《孟子荀卿列传》等篇的记述，一起了解淳于髡（kūn）这位有趣的稷下先生。

稷下先生

　　"稷下学宫"是战国初期由齐桓公田午所创办的讲学之所，汇聚学者贤士在此讲学。因为学宫在齐国都城临淄的稷门附近，因而被称为"稷下"。学宫经过齐威王的发展壮大，在齐宣王时达到鼎盛，这也与齐国国力的强大有重要的关系。

在威王、宣王时期，齐王以优厚的物质待遇招揽天下贤士，并授以上大夫的官职，因而稷下学者最多时达上千人，聚集了一大批天下闻名的大学者，成为当时的思想文化中心。

稷下涌现的著名学者有早期的邹忌、淳于髡，儒家学派的孟子，道家学派的慎道、环渊、田骈、接子，阴阳学派的邹衍，后期有儒家学派的荀子，等等。直到齐国被秦所灭，稷下学宫才被终结，学者四散。纵观整个战国时代，虽然秦国在军事上战胜了各国，但由于稷下学宫的存在，齐国始终是文化最为先进的国家。

淳于髡出身赘婿，身份低贱，个子很矮又相貌丑陋，然而他是最为知名的稷下先生之一。虽然他并非某一学派的代表人物，但他博闻多识，能言善辩，是一位非常有智慧的学者。淳于髡经常出使别国，凭借他的才智不辱使命。据说他仰慕齐国先贤晏子的耿直性情，但他最为知名的却是通过察言观色，对君王进行恰到好处的讽刺和劝谏，使之欣然接受。

讽谏齐威王

齐威王即位初期曾经不思国政，沉湎于酒色之中，齐国的官员也腐败奢侈。齐政凋敝而外部又遭到别国进犯，很多大臣敢怒而不敢言。这时淳于髡对齐威王讲了一个隐语："国都里来了一只大鸟，停在王宫的庭院里。三年中，它不飞也不叫，大王知道这是什么鸟吗？"齐王想了想说："这只鸟要么不飞，一飞就能冲天；要么不叫，一叫就会惊人。"齐王听了这个隐语，知道淳于髡是在用鸟来比喻自己。自此之后，他开始积极治理国家，如那只鸟一样一飞冲天。

有一年，楚国大军进犯齐国，齐王派淳于髡携带一百斤黄金和十辆马车去赵国请救兵。淳于髡见了这些礼物，不禁失声大笑，连系冠的带子都笑断了。齐王纳闷了，问他为何大笑，淳于髡说："来的路上，臣看到田地里有人在祭祀农神，祈祷丰收，我看他就摆了一只猪蹄和一杯酒作为祭品，祈祷时却说'让高地上收获的庄稼装满筐，低地里的庄稼装满车，五谷丰收，粮满米仓'，我看他拿出来的祭品那么少，但想要的却那么多，所以就笑话了他。"齐王明白了，这是在讽刺自己准备的礼物太少。于是齐王将礼物增加到黄金千镒、白璧十对、马车百乘。淳于髡这才带着礼物出使赵国，并成功获得赵国的十万援兵和千乘战车，楚国因而退兵了。

齐威王很高兴，在后宫大摆宴席，请了淳于髡参加。齐王问他："先生的酒量如何啊？"淳于髡回答："仅仅能喝一升酒，但也能足足喝下一石酒。"齐王听得糊涂了，淳于髡解释说："如果大王当众赐我酒喝，我诚惶诚恐，一斗酒就醉了；如果父亲命我招待客人，我彬彬有礼地为宾客们倒酒添菜，毕恭毕敬地起身向客人们敬酒，两斗酒就醉了；如果是老友相见，谈笑风生，那就能喝五六斗酒才会醉；但是假如碰到乡间社祭后的聚会，男男女女混杂在一起，大家游戏赌赛，人人称兄道弟，此时日暮西山，饮酒正酣，男女同席，杯盘狼藉，在这种令人兴奋的愉悦时刻，就算让我喝上一石酒，我都不一定会醉啊！所以说，无节制地喝酒就容易出乱子，无节制地享乐就容易遭不幸，所谓酒极生乱，乐极生悲，说的都是凡事不能过度的道理啊！"齐威王终于听懂了，说了这么多，其实是在劝谏他。于是齐王从此不再彻夜狂欢，通宵滥饮，参加酒宴时也经常让淳于髡在一旁监督自己。

以上几个小故事都出自《滑稽列传》，从中不但可以看出淳于髡的智慧和巧妙的谏言方法，也可以看到齐威王善于纳谏、敢于改过的明君风度。

默对魏惠王

除了以上几个故事，司马迁还在《田敬仲完世家》中记述了淳于髡向邹忌谏言（此故事详见本书《3. 齐威王》），而在《孟子荀卿列传》中还记录了他以沉默面对魏惠王的有趣故事。

淳于髡大名远扬，有人向魏惠王推荐他。魏王特意屏退了左右，单独接见淳于髡，这样前后安排了两次，但淳于髡见面时始终一言不发。魏王有些生气了，训斥引荐的人说："你把淳于髡比作管仲、晏婴，把他吹上天，可我两次接见他，他连一句话都没说，是我不配与他说话吗？"于是那人去询问淳于髡，淳于髡对他说："大王前一次见我时，心思在跑马出猎上，后一次在音乐声律上，所以我没有说话。"魏王听说后，大吃一惊，他说："天啊，淳于先生真是圣人啊！第一次与他见面前，正巧有人送来了一匹骏马，我还没来得及去看；第二次见他之前，又正巧有人送了位歌姬来，我没来得及去听。所以两次见面时，我的心思确实在别的地方，他没有说错啊。"后来，魏惠王又接见了淳于髡，和他谈了三天三夜都嫌不够。虽然魏王重重地赏赐了淳于髡，但他并没有留在魏国做官。

文化常识

赘婿的前世今生

《滑稽列传》中说"淳于髡者，齐之赘婿也"，记录了淳于髡赘婿的身份，什么人被称为赘婿呢？在战国时代，这个词的含义和我们现在的理解有所不同。

今天的人们理解的赘婿，一般指"上门女婿"，又称"倒插门""入赘"，意思是结婚事宜由女方操办，婚后男子去女方家居住的女婿。按照习俗，赘婿家庭的子女一般也随母姓。然而淳于髡所处的战国时代，赘婿可并不是我们现在理解的"入赘的姑爷"这么简单的意思。

赘，东汉许慎在《说文解字》中解释为"以物质钱也"，就是用物品质押抵钱。而古人有"赘子"一词（《汉书·严助传》："岁比不登，民待卖爵赘子以接衣食。"颜师古注："如淳曰：'淮南俗，卖子与人作奴婢，名为赘子。三年不能赎，遂为奴婢。'"），意思是穷苦人家将儿子卖给别人做奴婢。因而一般认为古代赘婿的意思是穷苦人家的成年男子，因为生活困顿而被卖给富户为婿。至于主人是将自己的庶女还是家里的女奴与之结为夫妇，学者们说法不一，但赘婿的身份大致等同于家奴，是很低贱的身份。《史记·秦始皇本纪》中记载了秦始皇下令"发诸尝逋亡人、赘婿、贾人"戍边，在兵员不足的情况下，秦始皇将逃亡者、赘婿与生意人作为征发的对象，也说明了当时这些人的身份低下。

　　至于淳于髡名字中的髡，指的是髡刑，是当时奴隶们经常遭受的除去头发的一种刑罚。淳于髡出身赘婿并曾遭受髡刑，因而名髡，这与齐国军师孙膑遭受膑刑而名膑，汉初淮南王英布遭受黥刑被称为黥布，都是一样的道理。淳于髡出身赘婿，最后却成为齐王器重的稷下先生，这也并非特例。春秋战国时期，各国乱战，战败的俘虏往往沦为奴隶，而很多名传后世的贤相都曾是俘虏或奴隶，比如管仲曾是阶下囚，百里奚也因被俘而变卖为奴，秦王后用五张羊皮将之赎回。到了百家争鸣的战国时代，更是英雄不问出处，从平民中涌现出大量凭借才能成为国家栋梁的布衣卿相，出身赘婿的淳于髡也是这一时代的一个缩影。

原文选读

《史记·滑稽列传》选段

　　淳于髡者，齐之赘婿也。长不满七尺，滑稽多辩①，数使②诸侯，未尝③屈辱。齐威王之时喜隐④，好为淫乐长夜之饮，沉湎⑤不治，委⑥政卿大夫。百官荒乱，诸侯并侵，国且危亡，在于旦暮⑦，左右莫敢谏。

注解

　　①多辩：擅长辩论。②使：出使。③尝：曾经。④喜隐：喜欢听隐语。⑤沉湎：沉迷于喝酒。⑥委：委托，托付。⑦旦暮：早晚之间。

29. 孟子、庄子

　　司马迁在《孟子荀卿列传》的开篇说，当他在《孟子》一书中，读到梁惠王问孟子"用什么方式可以使我国获利？"时，都会忍不住放下书简叹息。司马迁认为利益是祸患的开端，孔子就从来不谈关于利益的问题。司马迁对孔子、儒家的认同在《史记》中是显而易见的，然而在《史记》最末一篇的《太史公自序》里，从司马迁的父亲司马谈论述儒、墨、道、法、名、阴阳这六家学派要旨中可见，司马谈更加倾向于道家学派的思想。儒、道两家在春秋时期的代表人物是孔子和老子，而在战国时期的代表人物则是孟子和庄子。

孟子奔波魏齐之间

　　孟子，名轲，邹国人，求学于子思的门人，所以孟子是子思的再传弟子。子思即孔子的孙子孔伋，子思的老师是曾子。孟子思想的核心是仁、义、善，认为人天生是善良的（即"性善论"）。他继承了孔子"仁政"的政治主张，认为统治者只要像古代圣君那样施行仁政，人民就能安居乐业，他更进一步主张"君轻民贵"的思想。

然而，战国时期较之孔子所处的春秋末期，天下形势更为紧迫，各国争相变法图强，唯恐落后挨打。在孟子的时代，秦国任用商鞅变法，以耕战为本；吴起则先后为魏、楚整顿军队；齐威王、齐宣王重用孙膑、田忌，在军事上获得了重大胜利，成为诸侯中最富强的国家。天下各国都忙于合纵连横，互相攻伐。因而，虽然孟子是当时稷下的著名学者，天下闻名，弟子众多，但他推行的仁政，并不符合时代的需求，也引不起国君们的兴趣。孟子先后游说齐宣王、魏惠王，都没有得到重视，他们都认为孟子的学说迂阔。孟子称述的是古代尧舜和夏商周三代的仁政，即所谓的王道，而战国的国君需要更加现实的富国强兵之法，他们都一样急功近利。当年商鞅也曾先后用王道、霸道游说，结果秦孝公听得打起了瞌睡，想必孟子在解释仁政时，国君们的态度也差不多吧。

孟子在齐、魏之间奔波多年，如同孔子当年周游列国一样，并没有一个国家能采用儒家的学说。最后孟子与孔子一样，也选择回到了故乡。他教育弟子，著书立说，整理《诗》《书》，著述《孟子》七篇流传后世。孟子是儒家学派继孔子之后，另一位伟大的思想家和教育家，后世尊称其为"亚圣"。

庄子游戏污渎之中

庄子，名周，蒙邑人。曾在蒙地做过一段时间的漆园吏，也就是管理漆树种植园的小官。庄子是继老子之后，道家学派的代表人物之一，因而司马迁将他记录在《老子韩非列传》中，紧随老子的传记出现，但他生活的年代应是在战国魏惠王、齐宣王时，与孟子基本在同一时代。

庄子和老子一样推崇"道"，也主张"道法自然"，倡导逍遥自由的思想，蔑视礼法和权贵，因而庄子的学说往往对儒家的仁义礼法和墨家的兼爱等思想予以驳斥。庄子和他的门人著有《庄子》一书，共有十几万字，书中很多都以寓言故事的形式来阐述其思想。比如《胠（qū）箧（qiè）》一文，篇名中箧指箱子，胠箧就是打开箱子的意思。庄子在文中说人们为了防小偷，都会把家里的箱子锁得牢牢的，但小偷行窃时会把整个箱子全都背走，背箱子时反而怕主人家没把箱子锁牢绑紧呢。庄子又以田成子夺齐政（即指"田氏代齐"）为例，他认为国家就像个箱子，而儒家所谓的仁义礼法就像锁在这个箱子上的锁，齐国就是个被仁义礼法锁得很严实的箱子，结果田成子这个大盗，就把齐国整个都窃为己有了，最后，窃国大盗反而成了堂堂的诸侯。

庄子非常善于用形象的寓言、有趣的比方和汪洋肆意的想象力，潇洒率性地表达自己对这个世界的认识，对宇宙的思考。因而像庄子一样的学者，并不为大多数当政者所知、所用。但庄子也并不会像儒家学者一样，希望推行自己的学说，他们反对一切形式的礼法和统治，因而只希冀自身能够"苟全性命于乱世"，认为有用反而是危险的。

庄子的传记中有这样一个故事。楚威王听说了庄子的贤名，他派两位使者用重金请庄子来楚国为相。庄子笑着对使者说："虽然千镒黄金是非常多的财富，一国之相是非常尊贵的地位，但大人您难道没见过祭祀时用作牺牲的牛么？平日里它养尊处优，吃的又多又好，到了祭祀时，它披上精美的绸布，被送入辉煌的庙堂，但到了它作为牺牲即将被宰杀时，这头牛就算想做一只孤独的猪仔都没机会了啊！所以，大人您还是赶紧回去吧，不用来劝说我，我宁愿待在污浊的水塘里快活，也不要在庙堂上被管束，我愿意无拘无束地保持天性，一辈子都不想去做官。"这就是潇洒无为的庄子。

稷下三邹子及其他学者

在孟子活跃的时代前后，稷下学宫中出现过三位都被称为"邹子"的学者。第一位就是通过讽谏齐威王获得重用的邹忌；第二位是阴阳学派的代表人物邹衍；第三位是邹奭（shì），他也属于阴阳学派，善于辩论。这三位邹子中，邹忌早于孟子，后两位晚于孟子，其中尤以邹衍最为有名。

邹衍是齐国人，他看到当时各国的统治者大多荒淫奢侈，不重仁德，因而主张推崇仁义节俭，与儒家有些相似，但他的学说上至开天辟地，远致天涯海角，宏达高深以至于有些荒诞不经。邹衍的学说中最著名的是"大九州"和"五德始终"学说。他认为当初大禹时代的天下九州，其实是小九州，这小九州合在一起只是一个称为赤县神州的大州，而像这样的大州一共也有九个，这些就是大九州，所以当时人们所了解的中国只是八十一分之一而已。邹衍的奇谈让很多人都叹为观止。相比之下，他的"五德始终"学说的影响更为深远。邹衍认为自天地形成以来，人类社会如同自然界一样，是由金、木、水、火、土这五气相生相克，循环演进的。五气即五德，每一个朝代都对应其中某一种"德"，所制定的政策及方方面面都要与这一种"德"相配套。这一学说将五行附会到了人类社会和王朝更替，但呼应了君王们统一天下的企图，因而邹衍的学说吸引了当时各国的统治者，他也受到各国君王的欢迎。后来，秦、汉这些统一王朝的帝王都利用邹衍的学说，把自己建立的王朝归为神秘的天命。

在邹衍的时代，赵国有一位辩论家公孙龙，他和魏国的惠施都被认为是名家的代表人物。公孙龙最著名的论点是"离坚白"：一块白色的坚硬石头，用眼睛看，只能看出是白色，无法看出它坚硬；用手摸，则只能感觉到它坚硬，而无法摸出它是白色的。因而公孙龙称世间只存在"坚石"和"白石"，而不存在所谓的"坚白石"。这就是公孙龙等名家辩士的诡辩风格。

墨家是百家争鸣中非常重要的一个学派，主张"兼爱""非攻"。《史记》中记述墨家代表人物墨子只有一句话，出现在《孟子荀卿列传》的最后："盖墨翟，宋之大夫，善守御，为节用。或曰并孔子时，或曰在其后。"至于墨翟，他是宋国的大夫，擅长防御守卫，提倡节俭。有人说他生活在孔子的时代，也有人说是在孔子之后的时代。

 文化常识

稷下学宫为什么称稷下？

稷下学宫因为处在齐国都城临淄的稷门附近，因而被称为"稷下"。那么，临淄的这个城门为什么叫稷门呢？让我们先一起来了解一下"稷"在古代有什么特殊的含义。

稷，这个字的本义指我国古代的一种粮食作物，是古人所说的"五谷"之一（五谷指稻、黍、稷、麦、菽，另说指麻、黍、稷、麦、菽），还被认为是五谷之长。古人所说的稷，到底是现在我们熟悉的哪种作物呢？研究者的说法不一，一般认为是粟，即小米。稷无疑是古人最重要的粮食之一，特别是在古代黄河流域，稷的种植非常普遍，古人也因此视稷为百谷之神。

古人对土地与粮食的重视发展为原始崇拜，慢慢形成祭祀土地神和谷物神的活动，土地神"社"和五谷神"稷"后来被合称为"社稷"。春秋战国之后，社稷并祀，下至普通农民，上至天子君王，每年都要通过对社稷的祭祀活动，祈求风调雨顺，五谷丰登，后来古人也常以"社稷"指代国家。《孟子》中有"民为贵，社稷次之，君为轻"的论述，其中的社稷即可指代国家，表现了孟子"民贵君轻"的思想。

中国古代历朝历代的统治者都非常重视对社稷的祭祀活动。《周礼》的《考工记》中有"左祖右社"的都城营建规制，"左祖右社"指的是在宫殿的左边修建祭拜祖宗的祖庙，右边修建祭拜土地谷物神的社稷坛。这一礼制一直延续了下来，直至清代，在皇宫紫禁城（今故宫博物院）的正门天安门的左侧（东）即太庙（今北京市劳动人民文化宫），右侧（西）就是社稷坛（今北京市中山公园）。明清两代的皇帝及官员曾在社稷坛举行了上千次的祭祀活动。

《考工记》是关于春秋战国时期手工业技术的文献，有学者认为其主要内容是齐国稷下学者所写。根据最新的考古发现，稷下学宫的遗址基本确定是在齐故城小城的西南门外

（西门偏南）。那么这个西南门是否就是稷门呢？我们不妨对照紫禁城大胆猜测一下，如果齐都也是按照"左祖右社"的规制建造，那么社稷坛之类的地点应该就是在西边，而毗邻这一地点的西门被称为稷门也是合情合理的。

然而，考古研究毕竟不是拆盲盒，据学者考证，周代齐都的王宫并非和紫禁城一样坐北朝南，而是坐西朝东，而稷门的名字可能缘于附近的稷山（因古时山上有后稷祠得名）。但是，在获得确凿的证据支持之前，对"稷下"的所有不同思考都是值得鼓励的。关于稷下学宫的考古研究也仍在进行之中，让我们一起关注吧。

 原文选读

《史记·孟子荀卿列传》选段

孟轲，邹人也，受业子思之门人。道既通①，游事②齐宣王，宣王不能用。适梁③，梁惠王不果④所言，则见以为迂远⑤而阔于事情。当是之时，秦用商君，富国强兵；楚、魏用吴起，战胜弱敌；齐威王、宣王用孙子、田忌之徒，而诸侯东面朝齐。天下方务于合从⑥连衡，以攻伐为贤，而孟轲乃述唐、虞、三代之德，是以所如⑦者不合。

注解

①道既通：指学业精通以后，学成之后。②游事：游说事奉。③适梁：前往魏国。大梁为魏国国都，以梁代指魏国。④果：实现，指采用。⑤迂远：迂阔，指不切合实际。⑥从：同"纵"。⑦如：前往，"所如者"指去的那些国家。

30. 荀子、韩非

荀子活跃于战国晚期，他曾是稷下学宫的大学者，后投奔楚国的春申君。荀子也是儒家的代表人物，但与孟子的思想和主张有所不同。荀子有两位赫赫有名的学生——韩非和李斯，韩非是法家学派的代表人物，而李斯则辅佐秦王政统一天下。以下通过《孟子荀卿列传》《老子韩非列传》等篇中的内容，了解荀子和他的高徒。

从稷下祭酒到兰陵令

荀子名况，字卿，他五十岁以后才来到齐国稷下讲学。当时是齐襄王在位时期，田骈等有名的人物都已去世，荀卿就成了稷下最为年长的大学者，他曾三次担任稷下的祭酒一职。后来，荀卿遭到他人诋毁，离开齐国去了楚国，春申君任命他为兰陵令。春申君被害后，荀卿也被免除了职务，他留在兰陵安家授徒，著书立说。李斯、韩非都曾在荀卿门下求学，这两位都是法家的代表人物，李斯帮助秦国统一，后来成为秦始皇的丞相；韩非则著述有《韩非子》这部法家经典流传后世。

孔子讲"仁"，孟子说"义"，而荀子重"礼""法"。虽然同为儒家，都以人伦为本，重视道德教育，但荀子和孟子是两个不同的儒家流派，在很多问题上的主张相异。比如孟子主张"性善论"，而荀子主张"性恶论"，他认为人的本性是恶的，为善并非本性，而是人为的，因而更需要进行教育和礼法的约束；关于礼法从何而来，荀子认为礼法并非神秘的上天创造，也非人的本性中所固有，而是由历代圣人制定积累下来的；关于向谁学习礼法，孟子一派推崇效法上古的圣人，即"法先王"，而荀子认为应以周文王、周武王这样的离当时较近的圣君为榜样，即"法后王"。但在本质上，这两种观点都以法古为前提。荀子比较进步的观点是，他认为上天是自然的一部分，因此上天不能影响人类社会。他说"天行有常，不为尧存，不为桀亡"，指出上天不会依据君主有无仁德而降临福祸，上天只是一种客观存在。荀子更相信天就是天，人就是人，要改变国家和社会，依靠的只能是人。他的这一重要观点，在后来韩非等法家的思想理念中获得了进一步的发展。

从韩国公子到阶下囚

韩非是韩国王族的公子，他喜欢研究刑罚法律方面的学问，但是他天生口吃，所以并不擅长像辩士一样去各国游说。韩国在战国初期曾任用申不害变法，取得了长足的进步，但韩国地处四战之地，国土不断被强邻蚕食，到了韩非生活的时代，即战国末期，韩国是战国七雄中最为弱小的国家，随时都有被秦国吞并的危险。

韩非忧患国家的弱小，曾数度上书劝谏韩王，希望国君能用严明的律法治理国家，用君王的权力指挥臣子，这样才能富国强兵，摆脱灭亡的命运。然而韩王并没有听从韩非的谏言。韩非观察各国的变法之道，综合之前的法家各种学说，又从老子的道家黄老学说中发掘理论依据，从大儒荀卿那里吸取新儒家的进步思想，在各家基础上发展了自己的法家思想理论，著述了《韩非子》一书。韩非在书中反对儒家的德治和礼治观点，而主张法治，建议国君具体要从"法""术""势"三方面着手治理国家，以富国强兵的实效为目的，加强权力的集中，专注实施耕战。

韩非的许多观点符合当时社会发展的趋势，特别是秦王这样具有统一野心的君王。因而，韩非的著述没有引起韩王的兴趣，却吸引了秦王政的注意。他看了韩非《孤愤》《五蠹》等文章之后，对左右说："我如果能够有幸结交这位学者，那就死而无憾了呀。"李斯告诉他这位学者就是韩非。李斯虽与韩非同在荀卿门下求学，但自认学问不如韩非。

后来秦国大举攻韩，韩国危在旦夕，韩王这时想起韩非的名声，派他出使秦国，希望让他说服秦王停止攻韩。秦王见到韩非很高兴，想让他留下来为秦效力。李斯和姚贾害怕秦王重用韩非而忽视自己，于是想办法陷害韩非。他们对秦王说："大王想要吞并诸国，但韩非是韩国王族的公子，终究只会为韩国出力，放他回国将留祸患，不如找个罪名杀了他吧。"秦王政答应了。韩非被罗织罪名下狱后，李斯派人送毒药给他，命他自杀了。过了段时间，秦王后悔了，派人去狱中赦免韩非，但为时已晚，韩非已经死了。

从厕中之鼠到秦丞相

李斯生于楚国，家境不富裕，年轻时曾做过地方上的小吏。李斯曾看到厕所里的老鼠，它们吃着又脏又臭的食物，终日惶恐不安，人或狗一走近，老鼠就四下逃窜；他又在粮仓里看到终日饱食的老鼠，它们住在宽阔的屋子里，从不担忧被打扰。李斯于是感叹道："人是否有出息，跟老鼠是一样的，得看他所处的环境。"

李斯后来在荀卿门下求学，学成之后，他觉得各国都正在衰落，只有秦国不断发展壮大，于是他决定去秦国找机会。临走之时，他对老师荀卿说："现在天下各国都在寻求富国强兵，游说之士只要说服君王，便能掌握朝政。秦国有吞并天下的企图，正广招天下英才，我这样布衣出身的人，可以通过游说君王展现才华。人生最大的耻辱莫过于出身卑贱，最大的不幸莫过于生活穷困，地位卑贱却不想出人头地，生活困顿却假装与世无争，这并非士人的本色。所以我要去秦国谋求发展了。"李斯说这番话时，一定仍然记得厕所中那些惶恐可怜的老鼠吧。他就想用自己的才华摆脱卑贱和贫困，去大展宏图。《史记》中没有记录荀子对李斯是否给予了鼓励或劝诫。秦统一天下后，李斯最终成为丞相，位极人臣，但他真的如其所愿成为无忧无虑的仓鼠了吗？

从春秋到战国，诸侯、卿大夫和士人的地位都发生了巨大的变化，像李斯这样的寒士一跃成为国君所倚赖的卿相，而随着统一格局的形成，统治者与贵族、士、平民的关系又将发生新的变化。我们将在"月读《史记》"的第三册"秦汉篇"中继续认识包括李斯在内的一些人物，继续了解他们的故事。

文化常识

诸子百家

"子"在诸子百家这个词中，可以解释为"先生"，是对有学问的人的尊称。但是在春秋以前的时代，"子"是对天子的卿的尊称，也是周代爵位的一种。春秋初期，一些诸侯的卿也开始在谥号中加入了"子"，这种现象逐渐普遍，谥号中用"子"的卿大夫在史书中频繁出现，比如有名的晋国赵氏的"赵简子""赵襄子"等。到了春秋战国之际，随着士人地位的提高，一些聚众讲学的著名学者便被尊称为"子"，比如孔子、老子、墨子等，学生们还会尊称老师为"夫子"。

春秋战国之际，各个学派都涌现出许多代表人物，形成自己的哲学理论和建国策略，这些学派在历史的大变局中相互辩论、批判，同时又互为影响、转化，开创了"百家争鸣"的文化繁荣局面。后世将先秦时代的著名学者及其代表的学派称为"诸子百家"。《史记·太史公自序》中有一段司马迁之父司马谈评论诸子的文字，主要评论对象为阴阳、儒、墨、名、法、道六家思想，后人将这段文字称为《论六家要旨》，实际上这段文字以道家为中心，体现了司马谈推崇道家学说的主张。在西汉刘歆所编的图书分类目录《七略》中，《诸子略》收录了先秦诸子著作共十家，分别为儒、道、阴阳、法、名、墨、纵横、杂、农、小说。东汉班固沿袭刘歆的十家，辑录在他的《汉书·艺文志》中，但班固认为："诸子十家，其可观者九家而已。"认为小说家不能与其他九家相提并论，因此，后来人们将小说家从十家中去除，将剩下的九家称为"九流"，这也是俗语"不入流"的起源。当然，这里的"小说"并非指现今的文学体裁，诸子中的"小说家"是指先秦时代记录民间街谈巷语的一派学者，现今已没有这一学派的著述留存，但有学者认为，《史记》中记述的很多生动有趣的故事，其实是司马迁参考了当时的"小说"而编写的。

"诸子百家"是后世对先秦各种学派的概括，各种思想都有其起源与融合的过程。孔子在世时并没有百家争鸣的局面，他是最早聚众讲学的大学者，而儒家也是最先兴起的学派之一。后世汉武帝时代，罢黜百家，独尊儒术。然而，经历过百家争鸣的儒家学派，在与其他学派的互为对抗和转化后，已经不完全是孔子时代的儒家，而是一个对其余学派有所兼容，更适应社会变迁和统治需求的儒家学派。

原文选读

《史记·老子韩非列传》选段

人或传其书至秦。秦王见《孤愤》《五蠹》之书，曰："嗟乎，寡人得见此人与之游①，死不恨矣！"李斯曰："此韩非之所著书也。"秦因急攻韩。韩王始不用非，及急②，乃遣非使秦。秦王悦之，未信用③。李斯、姚贾害之，毁④之曰："韩非，韩之诸公子也。今王欲并诸侯，非终为韩不为秦，此人之情也。今王不用，久留而归⑤之，此自遗患⑥也，不如以过法⑦诛之。"秦王以为然⑧，下吏治非。李斯使人遗⑨非药，使自杀。韩非欲自陈⑩，不得见。秦王后悔之，使人赦之，非已死矣。

注解

①游：结交，交游。②急：紧急，危急，指形势危急时。③信用：相信并起用。④毁：诋毁。⑤归：使……回归，回去。⑥遗患：留下祸患。⑦过法：犯罪。⑧然：是这样。⑨遗：送。⑩陈：辩解，解释。